मीराजी

लोकप्रिय शायर और उनकी शायरी

मीराजी

संपादक : सुरेश सलिल

मीराजी की जीवनी और उनकी बेहतरीन
ग़ज़लें, नज़्में और गीत

राजपाल

ISBN : 9789389373301

प्रथम संस्करण : 2020 © राजपाल एण्ड सन्ज़

MIRAJI (Life-Sketch & Poetry)
Selected and translated by Suresh Salil

राजपाल एण्ड सन्ज़

1590, मदरसा रोड, कश्मीरी गेट, दिल्ली–110006
फ़ोन : 011–23869812, 23865483, 23867791
e-mail : sales@rajpalpublishing.com
www.rajpalpublishing.com
www.facebook.com/rajpalandsons

क्रम

मीराजी

(26 मई 1912 – 3 नवम्बर 1949)

मीराजी : शख़्सियत और शायरी

बीसवीं सदी की उर्दू शायरी की पहचान मोटे रूप में दो धाराओं में की जाती है। पहली धारा तरक़्क़ीपसंदों (प्रगतिशीलों) की, और दूसरी जदीदी (प्रयोगधर्मी/आधुनिकतावादी) शायरों की। तरक़्क़ीपसंदों में जहाँ फ़ैज़, मख़्दूम, मजाज़, जज़्बी, वामिक जौनपुरी, मजरूह सुलतानपुरी, साहिर लुधियानवी, कैफ़ी आज़मी आदि के नाम प्रमुख रूप से आते हैं, वहीं जदीदियों (अख़्तरुल ईमान, अमीक हनफ़ी आदि) के अगुआ शायरों में मीराजी और नून. मीम. राशिद शुमार होते हैं। इन सबका विकासक्रम सामान्यतया 1935-36 से आगे का है। पूर्ववर्तियों में इक़बाल, हसरत मोहानी, जोश मलीहाबादी, फ़िराक़ गोरखपुरी आदि अपनी अलग-अलग प्रवृत्तियों के बावजूद मोटे रूप में तरक़्क़ीपसंद तहरीक की पूर्व परम्परा में ही लिये जाते हैं। परवर्ती शायरों नासिर काज़मी, नरेश कुमार शाद, निदा फ़ाज़ली, जुबैर रिज़वी, शहरयार, जौन एलिया आदि के यहाँ दोनों तरह की प्रवृत्तियाँ परस्पर टकरातीं, या कहें इंटर-एक्ट करती हैं।

पिछले साठ-सत्तर सालों के दौरान हिन्दी लिपि में उर्दू शायरी बहुत प्रकाशित हुई है जिसमें मीर, सौदा, दर्द, नज़ीर अकबराबादी, ज़ौक़, ग़ालिब, दाग़, इक़बाल, जोश, फ़िराक़ आदि के बाद सबसे बड़ा हिस्सा तरक़्क़ीपसंदों का ही है। इसी लिप्यंतरण के ज़रिये हिन्दी का कविताप्रेमी पाठक, मोटे रूप में, उर्दू शायरी की परम्परा और वर्तमान को जानता है। हाल के वर्षों में, अख़्तरुल ईमान, नासिर काज़मी, शहरयार, निदा फ़ाज़ली, जौन एलिया का कलाम भी, कमोबेश, हिन्दी में आया है। लेकिन हैरत की बात है कि मीराजी और नून. मीम. राशिद के सिर्फ़ नाम ही नाम हैं, उनके काम से हिन्दी वाले लगभग नावाक़िफ़ हैं।

मीराजी की शख़्सियत और उनके काम की बाबत जो थोड़ी-बहुत

जानकारी हमें है, उसका श्रेय तरक्क़ीपसंद तहरीक के बानी सज्जाद ज़हीर साहब और सआदत हसन मंटो को जाता है। कुछ बुनियादी जानकारियाँ *कुल्लियाते मीराजी* (1988) के संपादक डॉ. जमील जालिबी ने मुहैया कराई हैं।

मीराजी का जन्म 26 मई 1912 को हुआ। पैतृक दृष्टि से वे गुजरांवाला के कश्मीरी परिवार से थे और उनका वास्तविक नाम मोहम्मद सनाउल्लाह सानी डार था। उनके पिता मुंशी मोहम्मद महताबुद्दीन पेशे से रेलवे इंजीनियर थे और जल्दी-जल्दी उनका तबादला होता रहता था। मीराजी भी अपने वालिदैन के साथ यहाँ से वहाँ होते रहते थे। बलूचिस्तान के सरहदी इलाक़ों के अलावा, इसी सिलसिले में कुछ अरसा वे काठियावाड़ (गुजरात) में रहे। लेकिन उनका बचपन लाहौर में बीता, वहीं मैट्रिक तक पढ़े और वहीं मीरा सेन नाम की एक बंगाली युवती से उनका भावनात्मक जुड़ाव हुआ, जिसने उनके भावी जीवन को पूरी तरह बदल दिया।

लेकिन एक शायर के बतौर मीराजी की अदबी ज़िन्दगी का जो फैलाव है उसको जानने-समझने में ये सूचनाएँ कोई मदद नहीं करतीं। फ़ारसी रंगत की उर्दू सिर्फ़ उनकी कुछेक ग़ज़लों में और थोड़ी-सी नज़्मों में है। बाक़ी उनकी ज़्यादातर शायरी की बुनावट और संवेदना अमीर ख़ुसरो की हिन्दी कविता, क़ुली क़ुतुबशाह, वली औरंगाबादी आदि दकनी शायरों, कबीर, सूरदास, मीरा आदि भक्तिकालीन हिन्दी कवियों, मराठी के संत कवि तुकाराम, बांग्ला के चंडीदास और मैथिल कवि विद्यापति के रंग में रची-बसी है। नागसभा, इंद्रसभा, देवदासी, राधा-कृष्ण, विष्णु, वृंदावन आदि संदर्भ भी उनकी नज़्मों और गीतों में जिस तरह पिरोये हुए हैं, उन्हें उर्दू शायरी की रिवायत से अलग करते हैं।

1938 ई. में, जब उनकी उम्र कोई इक्कीस-बाइस साल थी, लाहौर से जारी होने वाले पत्र *अदबी दुनिया* के ज़रिये वे पत्रकारिता के पेशे से जुड़े और 1940-41 तक वहीं रहे। 1942 से 1946 तक वे ऑल इंडिया रेडियो, दिल्ली से सम्बद्ध रहे और उसके बाद, आख़िरी साँस तक, बम्बई में रहे। वहीं से उन्होंने, अख़्तरुल ईमान के सहयोग से, जदीद शायरी की पत्रिका *ख़याल* निकाली, जिसका सिलसिला दो या तीन अंकों से आगे नहीं बढ़ पाया।

मीराजी का इंतिक़ाल 3 नवम्बर 1949 को बम्बई में ही हुआ और मैरिन लाइन क़ब्रिस्तान में उन्हें दफ़नाया गया।

शुरुआती दौर में मीराजी ने कुछ पत्रकारिक लेखन 'बसंत सहाय' के नाम से किया था। कुछ ख़त उन्होंने 'बशीरचंद' के नाम से लिखे। अदबी, या कहें शेरी, ज़िन्दगी की शुरुआत उन्होंने 'साहरी' तख़ल्लुस से की, लेकिन जब मीरा से उनके जज़्बाती रिश्ते कायम हुए और वे परवान नहीं चढ़ पाये, तो वे, सर से लेकर पैर तक, 'मीराजी' हो गये। और ऐसे मीराजी हुए कि दरवेशों को भी मुँह चिढ़ाने लगे।

मोटे तौर पर मीराजी की शायरी को तीन हिस्सों में तक़्सीम किया जा सकता है : ग़ज़लें, नज़्में और गीत। इन रंगों में उनकी प्रकाशित कृतियाँ हैं : *मीराजी के गीत* (1943), *मीराजी की नज़्में* (1944), *गीत ही गीत* (1944), *पाबंद नज़्में* (1968), *तीन रंग* (1968)।

अपनी ख़ुद की शायरी के अलावा, मीराजी ने शेरी तर्जुमे (काव्यानुवाद) भी काफ़ी बड़ी मात्रा में किये और इस मामले में उन्होंने मश्रिक़ और मग्रिब (पूर्व और पश्चिम) में कोई भेदभाव नहीं माना। एक तरफ़ अगर वे 400 ई.पू. की ग्रीक शायरा साफ़्फ़ो से जुड़े, 11वीं-12वीं सदी के फ़ारसी शायर उमर ख़ैयाम की रुबाइयाँ *ख़ेमे के आसपास* शीर्षक से तर्जुमा किया, ली पाई, तू फू आदि 7वीं-8वीं सदी के चीनी कवियों के तर्जुमे किये, संस्कृत कवि अमरुक, दामोदर गुप्त, बांग्ला कवि चंडीदास, मैथिल कवि विद्यापति के भरपूर अनुवाद किये, तो फ्रांसुआ वेलां, पुश्किन, हाइनरिष हेने, एडगर एलेन पो, व्हिटमैन, बॉदलेयर, मलार्मे, फ्रीडरिख़ होल्डरलिन, टॉमस मूर, एमिलि ब्रोण्टे, स्विनबर्न, मेस्फ़ील्ड और डी.एच. लारेंस आदि योरोप-अमेरिका के अपेक्षाकृत आधुनिक कवियों की शायरी भी उनके भरपूर फ़ोकस में रही। इस तरह देखें, तो उनके कुल्लियात का तक़्रीबन एक-तिहाई शेरी तर्जुमों के हिस्से जाता है। कुल्लियात में शामिल किये जाने से पहले उनके शेरी तर्जुमे तीन अलग-अलग किताबों की सूरत में शाया हुए— *मश्रिक़ और मग्रिब के नग्में, ख़ेमे के आसपास* (ख़ैयाम की रुबाइयाँ) और *निगारख़ाना* (कश्मीर के संस्कृत कवि दामोदर गुप्त का *कुट्टनीमतम् काव्यम्*)। इतना प्रभूत काव्यानुवाद शायद ही किसी और उर्दू शायर ने किया हो।

मीराजी की शख़्सियत के सिलसिले में मंटो और सज्जाद ज़हीर का ज़िक्र पीछे हुआ है। मंटो की किताब *गंजे फ़रिश्ते* में 'तीन गोले' उन्वान से, मीराजी

का ख़ाका (रेखाचित्र) भी है, जिसकी मदद से उनके शीन-काफ़, रहन-सहन और ज़ेहनी बनावट का कमोबेश परिचय मिलता है। मंटो और मीराजी हमउम्र थे और हमप्याला-हमनिवाला भी। उनके बीच उम्र या रिश्तों की कोई दीवार नहीं थी, इसीलिए मीराजी का ख़ाका खींचते हुए उन्होंने बेबाक, नुक्तए-नज़र से उनका जायज़ा लिया है, जिसमें उनका अपना सौंदर्यबोध, तंजिया शैली है, तो उदार पारदर्शी मानवीय दृष्टि भी है।

पहली मुलाक़ात में मंटो को मीराजी की आँखें चमकती हुई नज़र आई थीं और बड़ा-सा सर भूरे बालों से अटा हुआ। ''उसके गले में मोटे-मोटे गोल मनकों की माला थी जिसका सिर्फ़ बालाई हिस्सा कमीज़ के कॉलर से नज़र आता था। मैंने सोचा, 'इस इंसान ने अपनी क्या हैबते-कज़ाई बना रखी है'—लम्बे-लम्बे ग़लीज़ बाल, जो गर्दन के नीचे लटकते थे, फ्रेंचकट-सी दाढ़ी, मैल से भरे नाख़ून। सर्दियों के दिन थे। ऐसा मालूम होता था कि महीनों से उसके बदन ने पानी की शक्ल नहीं देखी।...उसमें एक दरवेशियानापन था।...मैं अमृतसर में साईं घोड़ेशाह को देख चुका था जो अलिफ़ नंगा रहता था और कभी नहाता नहीं था। उसी तरह के कई और भी साईं और दरवेश मेरी नज़र से गुज़र चुके थे जो ग़िलाज़त के पुतले थे, उनसे मुझे घिन आती थी। मीराजी की ग़िलाज़त से मुझे नफ़रत कभी नहीं हुई, उलझन अलबत्ता बहुत होती थी।...मीराजी के मुँह से मैंने कभी कोई ग़लीज़ कलमा न सुना।...''

मीराजी से मंटो की दूसरी मुलाक़ात अरसे बाद बम्बई में हुई—''मैं उन दिनों फ़िल्मिस्तान' में था। जब वह मुझसे मिलने के लिए आया, बहुत ख़स्ता हालत में था।...बोसीदा-सी कापी भी थी, जिसमें ग़ालिबन मीराबाई का कलाम उसने अपने हाथों से लिखा हुआ था। साथ ही एक अजीब शक्ल की बोतल थी जिसकी गर्दन मुड़ी हुई थी। उसमें मीराजी ने शराब डाल रखी थी। बवक़्ते-तलब वह उसका काग खोलता और एक घूँट चढ़ा लेता था। दाढ़ी ग़ायब थी, सर के बाल बहुत हल्के थे, मगर बदन की ग़िलाज़त बदस्तूर मौजूद थी। चप्पल का एक पैर दुरुस्त हालत में मौजूद था, दूसरा मरम्मत तलब था। यह कमी उसने पाँव पर रस्सी बाँध कर दूर कर रखी थी।...उन दिनों ग़ालिबन 'आठ दिन' की शूटिंग हो रही थी। उसकी कहानी मेरी थी,

जिसके लिए दो-एक गानों की ज़रूरत थी। मैंने इस ख़याल से कि मीराजी को कुछ रुपये मिल जाएँ, उससे यह गाने लिखने के लिए कहा, जो उसने वहीं बैठे-बैठे लिख दिये, मगर...जो यक्सर ग़ैर फ़िल्मी थे। मैंने जब उसको अपना फ़ैसला सुनाया तो वह ख़ामोश रहा। वापस जाते हुए उसने मुझसे साढ़े सात रुपये तलब किये कि उसे एक अद्धा लेना था। इसके बाद बहुत देर तक उसको साढ़े सात रुपये देना मेरा फ़र्ज़ हो गया।...सात रुपये में रम का अद्धा आता था, बाक़ी आठ आने उसके आने-जाने के लिए होते थे।

''बारिशों का मौसम आया तो उसे बड़ी दिक्कत महसूस हुई। बम्बई में इतनी शदीद बारिश होती है कि आदमी की हड़्डियाँ तक भीग जाती हैं। उसके पास फालतू कपड़े नहीं थे, इसलिए यह मौसम उसके लिए और भी ज़्यादा तकलीफ़देह। इत्तिफ़ाक़ से मेरे पास एक बरसाती थी, जो मेरा एक हट्टा-कट्टा फ़ौजी दोस्त सिर्फ़ इसलिए मेरे घर भूल गया था कि वह बहुत वज़नी थी और उसके कंधे शल कर देती थी। मैंने उसका ज़िक्र मीराजी से किया और उसके वज़न से भी उसको आगाह कर दिया। मीराजी ने कहा, 'कोई परवा नहीं...मेरे कंधे उसका बोझ बर्दाश्त कर लेंगे।' चुनांचे मैंने वह बरसाती उसके हवाले कर दी, जो सारी बरसात उसके कंधों पर रही।

''मरहूम (स्वर्गीय) को समंदर से बहुत दिलचस्पी थी। मेरा एक दूर का रिश्तेदार अशरफ़ है। वह उन दिनों पायलट था। जुहू में समंदर के किनारे रहता था। वह मीराजी का दोस्त था। मालूम नहीं, उनकी दोस्ती की बिना क्या थी, क्योंकि अशरफ़ का शे'रो-शायरी से दूर का भी वास्ता नहीं है। मगर मीराजी उसके यहाँ रहता था और दिन को उसके हिसाब में पीता था। अशरफ़ जब अपने झोपड़े पर नहीं होता था तो मीराजी साहिल की नर्म-नर्म और गीली-गीली रेत पर वह बरसाती बिछाकर लेट जाता और मुब्हम शे'रे-फ़िक्र किया करता था।...

''...इसके बाद भी मीराजी मुझसे मिलता रहा। फ़िल्म इंडस्ट्री के हालात मुन्क़लिब (अस्त-व्यस्त) हो जाने की वजह से मेरा हाथ तंग हो गया था। अब मैं हर रोज़ मीराजी की शराब का ख़र्च बर्दाश्त नहीं कर सकता था। मैंने उससे कभी इसका ज़िक्र नहीं किया, लेकिन उसको इल्म हो गया था। चुनांचे एक दिन मुझे उससे मालूम हुआ कि उसने शराब छोड़ने के क़स्द (इरादे) से

भांग खानी शुरू कर दी है।...''

अपने इसी ख़ाके 'तीन गोले' में मंटो ने मीराजी की शे'री शख़्सियत की बाबत भी दो-तीन वाक्यों में अपनी राय दी है। मीराजी की एक ग़ज़ल के मतले का पहला मिसरा है—'नगरी नगरी फिरा मुसाफ़िर, घर का रस्ता भूल गया'। इस मिसरे के हवाले से मंटो कहते हैं, ''मीराजी भूल गया था कि वह मुसाफ़िर है, सफ़र है या रास्ता।'' मंटो मीराजी की शायरी में सिर्फ़ तीन नुक़्तों की शिनाख़्त करते हैं—हुस्न, इश्क़ और मौत।''कभी मौत पहले, हुस्न आख़िर और इश्क़ दरमियान में। कभी इश्क़ पहले, मौत उसके बाद और हुस्न आख़िर में। और यह चक्कर नामहसूस तौर पर चलता रहता था।'' मीराजी की शायरी की बाबत मंटो का एक और जुमला क़ाबिले-ग़ौर है, ''विसाले-महबूब के लिए यह लाज़िम नहीं था कि महबूब मौजूद हो। वह ख़ुद ही आशिक़ था, ख़ुद ही माशूक़ और ख़ुद ही विसाल।'' काफ़ी कुछ इसी से मिलता-जुलता एक वाक्य हिन्दी के कवि-आलोचक मलयज ने अपनी डायरी में शमशेर जी (कवि शमशेर बहादुर सिंह) के बारे में दर्ज किया है।

लेकिन मीराजी के तन्क़ीदी नज़रिये (आलोचना-दृष्टि) के बारे में मंटो का ऑब्ज़र्वेशन बिलकुल दीगर क़िस्म का है, ''(वह) गोल-मटोल शे'र कहने वाला शायर मुझसे बड़े सही क़दो-क़ामत और बड़ी नोक-पलक की बातें कर रहा था, जो मेरे अफ़सानों के मुताल्लिक़ थीं। वह तारीफ़ कर रहा था, न तन्क़ीस (तिरस्कार)। एक मुख़्तसर-सा तब्सिरा (संक्षिप्त-सी समीक्षा) थी, एक सरसरी-सी तन्क़ीद (आलोचना) भी, मगर उससे पता चलता था कि मीराजी के दिमाग़ में मकड़ी के जाले नहीं। उसकी बातों में उलझाव नहीं था, और यह चीज़ मेरे लिए बाइसे-हैरत थी।...''

मीराजी की अदबी शख़्सियत के इस आख़िरी हिस्से को मंटो ने जिस तरह देखा-समझा और महसूस किया उसकी ताईद सज्जाद ज़हीर साहब के यहाँ भी होती है। उनकी किताब *रौशनाई : तरक़्क़ीपसंद तहरीक की यादें* में मीराजी का मुख़्तसर-सा ज़िक्र आया है : ''1945 और 1946 ई. में बम्बई संघ के उर्दू अदीबों के जलसों में शरीक होने के लिए मीराजी भी कभी-कभी अख़्तरुल ईमान और महेन्द्रनाथ के साथ आते थे, जिनके वो दोस्त थे। वे बेचारे शुरू-शुरू में हमारे जलसों में चुप बैठे रहते थे, लेकिन हमने उनसे

आग्रह किया कि वे भी उन कहानियों-कविताओं और आलेखों पर अपनी राय दें जो गोष्ठी में पढ़े जाते हैं। हम सबको इसकी ख़ुशी हुई कि अक्सर मौक़ों पर उनकी आलोचनात्मक टिप्पणी गम्भीर, बेलाग और जँची-तुली होती थी। उनमें अच्छे-बुरे साहित्य की परख का बहुत अच्छा शऊर था। इस गोष्ठी में कई ऐसे प्रगतिशील लेखक भी थे, जिनकी तुलना में मीराजी का आलोचकीय विवेक ज्यादा उपयोगी और व्यापक मालूम होता था।'' उल्लेखनीय है कि मीराजी के आलोचनात्मक लेखों का एक संग्रह भी उर्दू में आ चुका है।

रौशनाई में प्रगतिशील लेखक संघ के एक ऐसे जलसे का ज़िक्र भी हुआ है, जिसकी श्रोता-दीर्घा में मीराजी भी मौजूद थे। ''जलसे के समापन से कुछ पहले मैंने श्रोताओं से चंदे की अपील की। टिकट बेचने से हमें शायद सौ-डेढ़ सौ रुपये ही मिले थे, जो हमारी अपेक्षा से कम थे। लोगों ने एक-एक, दो-दो रुपये, अठन्नियाँ-चवन्नियाँ देनी शुरू कीं, इस तरह सौ रुपये के क़रीब और जमा हुए। मीराजी भी उस जलसे में मौजूद थे। हम सब जानते थे कि उनकी माली हालत बहुत ख़राब थी। लेकिन उन्होंने अपनी जेब से दस रुपये का नोट निकाल कर चंदे की झोली में डाल दिया और खुद लोगों से ज्यादा चंदा देने की अपील की। हम सब मीराजी की इस उदारता से बहुत ख़ुश हुए, इसलिए कि वे हमेशा इस बात का भी ऐलान करते थे कि वे हमसे सैद्धांतिक मतभेद रखते हैं।''

मंटो के खाके 'तीन गोले' और *रौशनाई* के जो प्रसंग ऊपर दिये गये हैं, उनकी मदद से मीराजी की संवेदना और वैचारिक संरचना को काफ़ी हद तक समझा जा सकता है।

मीराजी की लगभग समूची शायरी राग-विराग के दरमियान अपना चँदोबा तानती है। एक ओर अगर सौंदर्य और प्रेम के स्वर बार-बार उनके यहाँ झंकृत होते सुने जा सकते हैं, तो दूसरी ओर स्मृतियों से जुड़ी उदासी और कबीरी रंग का विराग भी। राधा, कृष्ण, वृंदावन, बाँसुरी, देवदासी, पुजारी, नागराज जैसे संदर्भ और रूपक उनके गीतों का तानाबाना बुनते हैं, तो कहीं भटका हुआ मुसाफ़िर और स्मृतियों में खोया बूढ़ा बरगद और मिट्टी के माधो मूरख मन उदासी और अजनबी-बोध की चटियल ज़मीन पर उतार लाता है।

कुछ बानगियाँ देखें :

सोलह सिंगारों से सज कर एक सेज पर गोरी बैठी है
पीतम आये नहीं, आयेंगे, चुपकी रस्ता तकती है...
नयनों में काजल के डोरे अंग-अंग बरमाते हैं
नन्हे, काले-काले बादल जग पर छाये जाते हैं
माथे पर सिंदूर की बिंदी, या आकाश पे' तारा है
देख के आ जायेगा जो भूला-भटका आवारा है...

('एक तस्वीर')

ये चंदा कृश्न, सितारे हैं झुरमुट वृंदा की सखियों का!
और ज़ोहरा नीले मंडल की राधा बनकर क्यों आई है?
जंगल की घनी गुफाओं में जुगनू जगमग जगमग करते,
जलते-बुझते चिनगारे हैं
और झींगुर ताल-किनारे से गीतों के तीर चलाते हैं,
नग़्मों में बहते जाते हैं
लो, आधी रात दुल्हन की तरह शर्माती थी, अब आ ही गई

('संजोग')

बीत चली है, बीत चली है बीत चली है रात
ऊधौ
बीत चली है रात
अब तक आई नहीं है राधे, हो चुकी है ये बात
ऊधौ
बीत चली है रात
रस्ते में सौ डर की बातें, बैरी ज़हरी नाग
कोई न जाने छुपकर बैठा कौन लगाये घात
ऊधौ
बीत चली है रात...

(गीत सं. 7)

जिसके दिल में दुख का बसेरा, उसको एक हैं साँझ सबेरा
दोनों एक हैं साँझ सबेरा, नूर-अँधेरा दोनों एक
सुख है सपना दुख है अपना
घर में बैठ के माला जपना
पूजा के मंदिर का फेरा, साँझ सबेरा दोनों एक
दोनों एक हैं साँझ सबेरा, नूर-अँधेरा दोनों एक
रात को रोना दिल को धोना
रोते-रोते तन-मन खोना...

(गीत सं. 9)

जीवन रनभूमि के समान
आन के साथ जहान जीवन रनभूमि के समान
घर जो उजाड़े वही लुटेरा देख सके कब तेरा-मेरा
हाथ पड़ी हर शै ले भागे मोह ने जिसके दिल को घेरा
मोह ने जिसके दिल को घेरा
उसको बैरी जान
जीवन रनभूमि के समान...

(गीत सं. 12)

कलियाँ चटकीं, गुंचे महके
रंग-ब-रंगे पंछी चहके
अपनी अपनी बातें कहके
कौन बताये कहाँ गये हैं
बूढ़ा बरगद सोच रहा है...

('बक्का')

आन लगा फिर बान, पुजारी, अब है किसकी बारी!

तुम अवतार थे विश्नूजी के, गुन और ज्ञान तुम्हीं से सीखे

तुमने छुपाई सूरत अपनी, फुलवारी के रंग हैं फीके
बन-बस्ती और परवत—छोड़े अमरित पीके
सुर बदले हैं गान-कली के
अब है और ही तान, पुजारी, आन लगा फिर बान!...

('टैगोर का नौहा')

मीराजी की शख़्सियत और शायरी की इन झलकियों और उनके चुने हुए कलाम से हिन्दी कविता और उर्दू शायरी में दिलचस्पी रखने वाले पाठक भी शायद इस नतीजे तक पहुँचें कि मीराजी अपने रंग के अकेले और एकमात्र शायर हैं और उनकी तुलना किसी अन्य आधुनिक शायर से नहीं की जा सकती।

जनवरी 2020   **—सुरेश सलिल**

ग़ज़लें

1

मन मूरख मिट्टी का माधो, हर साँचे में ढल जाता है
इसको तुम क्या धोखा दोगे, बात की बात बहल जाता है

जी की जी में रह जाती है, आया वक़्त ही टल जाता है
यह तो बताओ किसने कहा था काँटा दिल से निकल जाता है

क्यों करती है अंधी क़िस्मत अपने भाव से आनाकानी
जग के मुँह पर हँसी कहानी देख के जी ही जल जाता है

झूठमूठ भी होंठ खुले तो दिल ने जाना अमरित पाया
इक इक मीठे बोल पे' मूरख दो-दो हाथ उछल जाता है

जैसे बालक पा के खिलौना तोड़ दे उसको और फिर रोये
वैसे आशा के मिटने पर मेरा दिल भी मचल जाता है

सुध बिसरे पर हँसने वालो, चाह की राह चलो तो जानो
ओछा पड़ता है हर दाँव जब यह जादू चल जाता है

अब तो साँसें युँ ही आती हैं काँपते काँपते, कुछ ठहराव
जैसे रस्ता चलते शराबी गिरते गिरते सँभल जाता है

जीवन रेत की छान-फटक में सोच सोच दिन रैन गँवाये
बैरिन वक़्त की हेराफेरी पल आता है पल जाता है

'मीराजी' दरशन का लोभी, बन बस्ती जोगी का फेरा
देख के हर अनजानी सूरत पहला रंग बदल जाता है

2

हँसो तो साथ हँसेगी दुनिया, बैठ अकेले रोना होगा
चुपके चुपके बहा कर आँसू दिल के दुख को धोना होगा

बैरन रीत बड़ी दुनिया की, आँख से जो भी टपका मोती
पलकों ही से उठाना होगा, पलकों ही से पिरोना होगा

खोने और पाने का जीवन नाम रखा है हर कोई जाने
इसका भेद कोई ना देखा क्या पाना क्या खोना होगा

बेचा है बिन बोले पल में टूट-फूट कर फिर बन जाये
बालक सोच रहा है अब भी ऐसा कोई खिलौना होगा

प्यारों से मिल जाएँ प्यारे, अनहोनी कब होनी होगी
काँटे फूल बनेंगे कैसे, कब सुख-सेज बिछौना होगा

बहते बहते काम न आये लाख भँवर, तूफ़ानी सागर
अब मंझधार में अपने हाथों जीवन-नाव डुबोना होगा

जो भी दिल ने भूल में चाहा, भूल में जाना होके रहेगा
सोच सोच कर हुआ न कुछ भी, आओ अब तो खोना होगा

क्यों जीते-जी हिम्मत हारें, क्यों फ़रियादें क्यों ये पुकारें
होते-होते हो जाएगा आख़िर जो भी होना होगा

'मीराजी' क्यों सोच सताये, पलक पलक डोरी लहराये
क़िस्मत जो भी रंग दिखाये अपने दिल में समोना होगा

3

ढब देखे तो हमने जाना दिल में धुन भी समाई है
'मीराजी' दाना तो नहीं है, आशिक़ है सौदाई है

सुबह-सबेरे कौन सी सूरत फुलवारी में आई है
डाली डाली झूम उठी है, कली कली लहराई है

जानी-पहचानी सूरत को अब तो आँखें तरसेंगी
नये शहर में जीवन देवी नया रूप भर लाई है

एक खिलौना टूट गया तो और कई मिल जायेंगे
बालक, ये अनहोनी तुझको किस बैरी ने सुझाई है?

ध्यान की धुन है अमर गीत पहचान लिया तो बोलेगा
जिसने राह से भटकाया था वही राह पर लाई है

बैठे हैं फुलवारी में, देखें कब कलियाँ खिलती हैं
भँवर भाव तो नहीं है, किसने इतनी राह दिखाई है

जब दिल घबरा जाता है तो आप ही आप बहलता है
प्रेम की रीत इसे जानो, पर होने की चतुराई है

उम्मीदें, अरमान; सभी जुल दे जायेंगे, जानते थे
जान जान के धोखे खाये, जान के बात बढ़ाई है

अपना रंग भला लगता है, कलियाँ चटकीं, फूल बनीं
फूल फूल ये झूम के बोला, कलियो तुमको बधाई है

आबशार के रंग तो देखे, लगन, मंडल क्यों याद नहीं
किसका ब्याह रचा है, देखो ढोलक है, शहनाई है

ऐसे डोले मन का बजरा, जैसे नैन-बीच हो कजरा
दिल के अंदर धूम मची है, जग में उदासी छाई है

लहरों से लहरें मिलती हैं, सागर उमड़ा आता है
मंझधार के वासी ने साहिल पर जोत जगाई है

आख़िरी बात सुनाये कोई, आख़िरी बात सुनी क्यों हमने
इस दुनिया में सबसे पहले आख़िरी बात सुनाई है

4

नगरी नगरी फिरा मुसाफ़िर, घर का रस्ता भूल गया
क्या है तेरा – क्या है मेरा, अपना पराया भूल गया

क्या भूला – कैसे भूला, क्यूँ पूछते हो? बस यूँ समझो
कारन दोष नहीं है कोई, भोलाभाला भूल गया

कैसे दिन थे, कैसी रातें, कैसी बातें घातें थीं
मन बालक है, पहले प्यार का सुंदर सपना भूल गया

अँधियारे से एक किरन ने झाँक के देखा, शरमाई
धुँधली छब तो याद रही, कैसा था चेहरा, भूल गया

याद के फेर में आकर दिल पर ऐसी कारी चोट लगी
दुख में सुख है, सुख में दुख है, भेद ये न्यारा भूल गया

एक नज़र की, एक ही पल की बात है डोरी साँसों की
एक नज़र का नूर मिटा जब एक पल बीता भूल गया

सूझबूझ की बात नहीं है, मन मौजी है मस्ताना
लहर लहर से जा सर पटका, सागर गहरा भूल गया

हँसी हँसी में, खेल खेल में, बात की बात में रंग मिटा
दिल भी होते होते आख़िर घाव का रिसना भूल गया

अपनी बीती जग बीती है, जब से दिल ने जान लिया
हँसते हँसते जीवन बीता, रोना धोना भूल गया

जिसको देखो उसके दिल में शिकवा है तो इतना है
हमें तो सब कुछ याद रहा, पर हमको ज़माना भूल गया

कोई कहे ये किसने कहा था, कह दो जो कुछ जी में है
'मीराजी' कह कर पछताया, और फिर कहना भूल गया

5

दीदहा[1]   अश्कबार है अपना
और दिल बेक़रार है अपना

रश्के-सहरा है[2] दिल की वीरानी
यही   रंगे-बहार   है   अपना

चश्मे-गिरियाँ से[3], चाक दामन से
हाल सब आश्कार[4] है अपना

हाय हू में हरेक खोया है
कौन याँ ग़मगुसार है अपना

सिर्फ़ वो एक सबके हैं मुख़्तार
उन पे' क्या इख़्तियार है अपना

बज़्म से[5] उनकी जब से निकला है
दिल   ग़रीबुद्दयार[6] है   अपना

उनको   अपना बनाके छोड़ेंगे
बख़्त[7] गर साज़गार है अपना

पास तो क्या है अपने, फिर भी मगर
उनपे सब कुछ निसार है अपना

---

1. आँखें (आँख का बहुवचन) 2. जंगल यानी बियाबान से ईर्ष्या करती हुई 3. रोती हुई आँखों से 4. प्रकट 5. बैठक, महफ़िल 6. गरीब का घर 7. भाग्य, क़िस्मत

हमको हस्ती रक़ीब की मंज़ूर
फूल के साथ ख़ार है अपना

है यही रस्मे-मैकदा शायद
नश्शा उनका, ख़ुमार है अपना

जीत के ख़्वाब देखते जाओ
ये दिले-बदक़िमार[8] है अपना

क्या ग़लत सोचते हैं 'मीराजी'
शे'र कहना शिआर[9] है अपना

---

8. जुआ 9. आदत, स्वभाव

6

लब पर है फ़र्याद कि साक़ी ये कैसा मैख़ाना है
रंगे-ख़ूने-दिल[1] नहीं चमका, गर्दिश में[2] पैमाना है

मिट भी चुकीं उम्मीदें, मगर बाक़ी है फ़रेब उम्मीदों का
इसको यहाँ से कौन निकाले, ये तो साहिबे-ख़ाना[3] है

ऐसी बातें और से जाकर कहिए तो कुछ बात भी है
उससे कहे क्या हासिल जिसको सच भी तुम्हारा बहाना है

तौरो-तवार[4] अनोखे इसके, किस बस्ती से आया है
पाँवों में लग्ज़िश[5] कोई नहीं है, ये कैसा मस्ताना है

मैख़ाने की झिलमिल करती शम्एँ दिल में कहती हैं
हम वो रिंद हैं जिनको अपनी हक़ीक़त भी अफ़साना है

---

1. दिल के ख़ून का रंग 2. दुर्भाग्य, बदक़िस्मती 3. मकान का मालिक 4. तौर-तरीके
5. लचक, लड़खड़ाहट

7

ज़िंदगी एक अज़ीअत[1] है मुझे
तुझसे मिलने की ज़रूरत है मुझे

दिल में हर लम्हा है सिर्फ़ एक ख़याल
तुझसे किस दर्जा मुहब्बत है मुझे

तिरी सूरत, तिरी ज़ुल्फ़ें मलबूस[2]
बस इन्हीं चीज़ों से रग़वत[3] है मुझे

मुझ पे अब फ़ाश हुआ राज़े-हयात
ज़ीस्त लब से तिरी चाहत है मुझे

तेज़ है वक़्त की रफ़्तार बहुत
और बहुत थोड़ी सी फ़ुर्सत है मुझे

साँस जो बीत गया, बीत गया
बस इसी बात की कुल्फ़त[4] है मुझे

आह तेरी है, तबस्सुम तेरा
इसलिए दर्द भी राहत है मुझे

---

1. निश्चय, संकल्प, इरादा 2. पोशाक, लिबास 3. चाह, इच्छा, दिलचस्पी 4. तकलीफ़, दुख

अब नहीं दिल में मेरे शौक़े-विसाल[5]
अब हरेक शै से फ़राग़त है[6] मुझे

अब न वो जोशे-तमन्ना बाक़ी
अब न वो इश्क़ की वहशत है मुझे

अब यूँ ही उम्र गुज़र जायेगी
अब यही बात ग़नीमत[7] है मुझे

---

5. मिलन की अभिलाषा 6. हरेक चीज़ से छुटकारा 7. अच्छी, उचित

8

गुनाहों से नश्वोनमा[1] पा गया दिल
दरे-पुख़्ताकारी[2] के पहुँचा गया दिल

अगर ज़िन्दगी मुख़्तसर[3] थी तो फिर क्या
इसी में बहुत ऐश करता गया दिल

ये नन्ही सी वुस्अत[4] ये नादान हस्ती
नये से नया भेद कहता गया दिल

न था कोई मअबूद[5], पर रफ़्ता रफ़्ता
ख़ुद अपना ही मअबूद बनता गया दिल

नहीं गिर्या ओ ख़ंदा में[6] फ़र्क़ कोई
जो रोता गया दिल तो हँसता गया दिल

बजाये दिल इक तल्ख़ आँसू रहेगा
अगर उनकी महफ़िल में आया गया दिल

परीशाँ रहा आप तो फ़िक्र क्या है
मिला जिससे भी उसको बहला गया दिल

---

1. पालन-पोषण, परवरिश 2. परिपक्वता, पक्कापन 3. संक्षिप्त 4. क़द, सामर्थ्य 5. ईश्वर
6. रोने और हँसने में

कई राज़ पिन्हाँ[7] हैं लेकिन खुलेंगे
अगर हश्र के रोज़ पकड़ा गया दिल

बहुत हम भी चालाक बनते थे लेकिन
हमें बातों बातों में बहका गया दिल

कही बात जब काम की 'मीराजी' ने
वहीं बात को झट से पलटा गया दिल

---

7. छुपे हुए

9

हम पे' वो कब निगाह करते थे
इक हमीं उनकी चाह करते थे

हम तो बस उनकी चाह करते थे
औ' वो हमको तबाह करते थे

उनकी जुल्फ़ों की याद में शब को
दिल जला कर सियाह करते थे

गाह[1] चुपके गुज़ारते थे रात
गाह रोते थे आह करते थे

उनके घर के कई कई फेरे
यूँ ही शामोपनाह[2] करते थे

और होंगे कोई कि तुझको छोड़
हवसे-अज्ज़ोजाह[3] करते थे

सोचता हूँ यही कि उस दिल में
ग़ैर किस तरह राह करते थे

---

1. कभी 2. रात-दिन, हर समय 3. प्रभुता और प्रतिष्ठा की लालसा

चुग़लियाँ खाके मेरी उनसे रक़ीब
अपना नामा[4] सियाह करते थे

हम लहू आँख से बहाते थे
वो न हम पर निगाह करते थे

दावरे-हश्र[5] से ये कह देंगे
हम जहाँ में गुनाह करते थे

अब तो हर शै[6] से बेनियाज़ी[7] है
दिन गये जब कि चाह करते थे

शे'र कहते थे अपने 'मीराजी'
लोग सुनते थे आह करते थे

---

4. पत्र, ख़त 5. न्यायकर्ता, ईश्वर, ख़ुदा 6. चीज़, वस्तु 7. बेपरवाही, उदासीनता

10

दिल मह्वे-जमाल[1] हो गया है
या कि सर्फ़े-ख़याल[2] हो गया है

अब अपना ये हाल हो गया है
जीना भी मुहाल[3] हो गया है

हर लम्हा है आह लब पर
हर साँस वबाल हो गया है

वो दर्द जो लम्हा भर रुका था
मुशव्वा[4] कि बहाल हो गया है

चाहत में हमारा जीना-मरना
आप अपनी मिसाल हो गया है

पहले भी मुसीबतें कुछ आईं
पर अबके कमाल हो गया है

---

1. सुंदरता में तल्लीन 2. ध्यानमग्न 3. असंभव 4. जला-भुना

11

लज़्ज़ते-शाम, शबे-हिज्र ख़ुदादाद[1] नहीं
इससे बढ़कर हमें राज़े-ग़मे-दिल याद नहीं

कैफ़ियत ख़ानाबदोशाने-चमन की मत पूछ
ये वो गुलहाए-शिगुफ़्ता[2] हैं जो बरबाद नहीं

एक हम हुस्ने-तलब[3], एक हम जाने-नग़्मा
तुम जो बेदाद[4] नहीं, हम भी तो फ़रियाद नहीं

ज़िन्दगी सैले-तन आसाँ[5] की फ़रावानी है
ज़िन्दगी नक्शागरे-ख़ातिरे-नाशाद नहीं

उनकी हरेक निगह आमोख़्ता[6] अक्से-निशात[7]
हर क़दम गर्चे मुझे सीलिए-उस्ताद[8] नहीं

देखते देखते हर चीज़ मिटी जाती है
जन्नते-हुस्ने-नफ़्स[9] ओ जन्नते-शद्दाद[10] नहीं

हर जगह हुस्ने-फ़ुज़ूँ[11] अपनी महक देता है
बाइसे-ज़ीनते-गुल[12] तो क़दे शमदाद[13] नहीं

ख़ानासाज़ाने-अनासिर[14] से ये कोई कह दे
पुरसुकूँ-आबे-रवाँ[15], नौहाकुनां बाद[16] नहीं

---

1. ईश्वर या ख़ुदा का दिया हुआ 2. खिले हुए फूल 3. सलीके या शालीनतापूर्वक याचना करने वाला 4. अनीति, जुल्म 5. बेकार या फ़ालतू आँसुओं की बाढ़ 6. मिलती-जुलती 7. ख़ुशी की तस्वीर से 8. उस्ताद द्वारा सुनाई सज़ा 9. पल-भर की खूबसूरती का स्वर्ग 10. बेहद अत्याचारी शासक का स्वर्ग 11. बेहद ख़ूबसूरती 12. फूल की सुंदरता का मूल कारण 13. सरू के दरख़्त की लम्बाई 14. पाँच तत्त्वों से निर्मित वस्तुएँ 15. सुकून से बहता हुआ पानी 16. शोकाकुल हवा

12

ख़ाके-जामे-मै है गिर्दे-कारवाँ[1]
अब नहीं अंदेशाए सूदो-ज़ियाँ[2]

अब नफ़स का ज़ीरो-बम[3] क्या है फ़क़त
हासिले-उम्मीद मर्गे-नागहाँ[4]

इश्रते-ख़ूने-नज़र है बाज़गश्त[5]
और तफ़क्कुर[6] इक फ़रेबे-रायगाँ[7]

अब निज़ाते-दाइमी[8] है एक लफ़्ज़
और वो इक लफ़्ज़ भी राज़े-अयाँ[9]

एक पर्दा रोज़ो-शब शामो-सहर
राज़ जू[10] और जुस्तजू के दरमियाँ

इक तख़य्युल[11] के सिवा कुछ भी नहीं
रिश्तहा दूरे-ज़माँ दूरे-मकाँ

हासिले-उम्रे-दो रोज़ है बहुत
गर कभी मंज़िल करे उम्रे-रवाँ

---

1. काफ़िले के चारों ओर 2. हानि-लाभ के अंदेशे 3. साँस का उतार-चढ़ाव 4. आकस्मिक मृत्यु 5. कातिल नज़र का आनंद वापसी में है 6. भय, चिंता 7. निरर्थक छल 8. स्थायी छुटकारा 9. स्पष्ट 10. नदी, झील 11. कल्पना

क्यों न ये तारे-रगे-जाँ[12] तोड़े
देखे फिर क्यों न ऐशे-जाविदाँ[13]

सोचते ही सोचते आया ख़याल
कुछ नहीं हस्ती सिवाये जिस्मो-जाँ

वक़्त की पर्वाज़[14] के हमदोश[15] ही
बहता जायेगा ये दरिया-ए-रवाँ[16]

तुम भी ये कहते हुए बढ़ते चलो
अलअमाँ[17], मंज़िल कहाँ, मंज़िल कहाँ

---

12. ज़िन्दगी का सिलसिला 13. शाश्वत सुख 14. उड़ान 15. साथ 16. प्रवहमान नदी
17. घबराहट में बोले जाने वाले शब्द (अरे!, बचाओ, आदि)

13

चाँद सितारे क़ैद हैं सारे वक़्त के बंदीख़ाने में
लेकिन मैं आज़ाद हूँ साक़ी, छोटे से पैमाने में

उम्र है फ़ानी[1], उम्र है बाक़ी, इसकी कुछ परवा ही नहीं
तू यह कह दे वक़्त लगेगा कितना आने जाने में

तुझसे दूरी, दूरी कब थी, पास और दूर तो धोका हैं
फ़र्क़ नहीं अनमोल रतन को खोकर फिर से पाने में

दो पल की थी अंधी जवानी, नादानी की, भर पाया
उम्र भला क्यूँ बीते सारी रो-रो कर पछताने में

पहले तेरा दीवाना था, अब है अपना दीवाना
पागलपन है वैसा ही, कुछ फ़र्क़ नहीं दीवाने में

ख़ुशियाँ आईं? अच्छा, आईं! मुझको क्या अहसास नहीं
सुध-बुध सारी भूल गया हूँ दुख के गीत सुनाने में

अपनी बीती कैसे सुनाएँ, मदमस्ती की बातें हैं
'मीराजी' का जीवन बीता पास के इक मैख़ाने में

---

1. नाशवान, नश्वर

14

जीवन ज्योति जाग रही है, छोड़ बहाने, छोड़ बहाने
तन मन धन की भेंट चढ़ा दे, क्यूँ सपनों के ताने-बाने

आये कौन तुझे बहलाने, पहुँचे कौन तुझे समझाने
भरमाया है प्रेम-सुधा ने, उलझाया है प्रेमकथा ने

एक गुमान कान है दुनिया, जाग सिपाही, जाग सिपाही
उठ कर इक दो हाथ दिखा दे, दुश्मन भी जौहर पहचाने

आँखें खोल के देख जगत को, रंग रंग की न्यारी बातें
एक ही चाँद मगर आता है, तेरी रातों को चमकाने

नाउम्मीदी के आकाश पे चमका है आशा का सितारा
मंदिर में इक देवोदासी सज कर आई नाच दिखाने

मोह का पंछी दिल में बेकल डोल रहा है जंगल जंगल
तू है इक नादान शिकारी, ठीक नहीं है तेरे निशाने

उसके दामन में सौ लहरें, आयें झकोले जायें झकोले
हाँ कह कर फिर जाएँ पल में, कोई माने कोई न माने

देख कि नद्दी अब गँदली है, जाग कि दुनिया ही बदली है
मौज की राह से नाव हटा ले, आये हैं तेरे महल को ढाने

प्रेम का साथ है दुख का दारू, कैसा सुख जो पास नहीं तू
आने लगी गेसू की ख़ुशबू पीता हूँ रस के पैमाने

माना दुख में खोया हुआ हूँ, तुम समझे हो सोया हुआ हूँ
धरती को आकाश बना दूँ, आये हो तुम किसको जगाने!

15

ग़म के भरोसे क्या कुछ छोड़ा, क्या अब तुमसे बयान करें
ग़म भी रास न आया दिल को, और ही कुछ सामान करें

करने और कहने की बातें किसने कहीं, और किसने कहीं
करते कहते देखें किसको, हम भी कोई पैमान[1] करें

भली-बुरी जैसी भी गुज़री उनके सहारे गुज़री है
हसरते-दिल जब हाथ बढ़ाये हर मुश्किल आसान करें

एक ठिकाना आगे आगे पीछे पीछे मुसाफ़िर है
चलते चलते साँस जो टूटे मंज़िल का ए'लान करें

'मीर' मिले थे 'मीराजी' से, बातों से हम जान गये
'फ़ैज़' का चश्मा जारी है, हिफ़्ज़[2] उनका भी दीवान करें

---

1. शपथ, वादा, प्रतिज्ञा 2. हिफ़ाज़त, सुरक्षा, एकत्र

16

जैसे होती आई है, वैसे बसर हो जायगी
ज़िन्दगी अब मुख़्तसर से मुख़्तसर[1] हो जायगी

गेसुए-अक्से-शबे-फ़ुर्क़त परीशाँ अब भी है[2]
हम भी तो देखें कि यूँ क्यूँकर सहर[3] हो जायगी

इंतिज़ारे-मंज़िले-मौहूम का हासिल ये है[4]
एक दिन हम पर इनायत की नज़र[5] हो जायगी

सोचता रहता है दिल ये साहिले-उम्मीद[6] पर
जुस्तजू[7] आईना[8] मद्द ओ जज़र[9] हो जायगी

दर्द के मुश्ताक़[10] गुस्ताख़ी तो है लेकिन मुआफ़
अब दुआ, अंदेशा ये है कारगर हो जायगी

साँस के आग़ोश में, हर साँस का नग़्मा ये है
एक दिन उम्मीद है उनको ख़बर हो जायगी

---

1. संक्षिप्त से संक्षिप्त 2. वियोग की रात के प्रतिबिम्ब के केश अब भी बिखरे हैं 3. सुबह
4. भरम भरी मंज़िल के इंतिज़ार का नतीजा यह है 5. कृपादृष्टि 6. उम्मीद के तट पर 7. तलाश
8. स्पष्ट 9. उतार-चढ़ाव, ज्वारभाटा 10. वेदना या पीड़ा के चाहने वाले

शे'र

सहर तक अपने घर में तो नहीं आसार रहते हैं
जगाते हैं मुझे भी आप भी बेदार रहते हैं

जो दिल को मार रखते हैं पहुँचते हैं वो मंज़िल तक
वो मंज़िल तक पहुँचते हैं जो दिल को मार रहते हैं

मिलाएँ चार में गर दो तो बन जाएँगे छह पल में
निकल जाएँ जो छह से दो तो बाक़ी चार रहते हैं

हक़ीक़त मेरे दिल की आप पर उरियाँ[1] न हो जाए
जो अब तक राज़ था वो आज पुरअफ़्शाँ[2] न हो जाए

ये मुमकिन है कि यूँ मैं अपनी मंज़िल तक पहुँच जाऊँ
मगर यूँ राह जो दुश्वार थी आसाँ न हो जाए

न माना क़ुर्ब[3] दूरी से ज़ियादा ज़ीस्तपरवर[4] है
दिले-हैराँ कहीं कुछ और भी हैराँ न हो जाए

---

1. प्रकट 2. पूरी तरह खुलासा 3. निकटता 4. जीवनप्रद, जीवनदायी

नज़्में

संगे-आस्ताँ[1]

सिखा नग़्मा मुहब्बत का, मुझे
महसूस करने दे जवानी को
है नग़्मा जिनमें ख़्वाबीदा इन्हीं तारों की हरकत से
मैं ले आऊँगा मस्ती को मुजस्सिम[2] शक्ल की सूरत
उन्हीं तारों को ख़्वाबों से जगाने दे मुझे ऐ रात के साक़ी!
दिखाने दे मुझे जादू सितारों के उलझने का
उसी मंज़र को ले आऊँगा मैं फिर से निगाहों में
जो है बाक़ी,
जो आवेज़ां[3] है अब तक वक़्त की देवी के आँचल में
पकड़कर हाथ में पंछी को इस धरती के जंगल में
इसी ख़लवत[4] के महमिल[5] में
तिरे दिल में
जगा दूँगा मैं अपनी गर्म आहों से
इसी नग़्मे को
जो सोया है तेरे जिस्म के महबूब तारों में;
मुझे मालूम हैं बातें, वो बातें जो अछूती और पुरानी हैं
मगर नादान हैं जज़्बे,
इरादा है कि लेकर आज इन जज़्बों को मैं तारीक ग़ारों में[6]
बनूँगा हमसफ़र तेरा!

---

1. दहलीज़ या ड्योढ़ी का पत्थर 2. साक्षात्, साकार 3. सुशोभित 4. एकांत 5. ऊँट पर बैठने के लिए, विशेष रूप से औरतों के लिए बनाई गई परदेदार गद्दी 6. अँधेरी गुफ़ाओं या कंदराओं में

चल आ, रंगीं कहानी को शुरू–ए–इश्क़ की मंज़िल से ले भागें
उसे इस रात के फैले अँधेरे में
वहाँ पर मिल के पहुँचावें
जहाँ है गौहरे–मक़्सूद[7] पोशीदा[8] निगाहों से
सुहानी गर्म आहों में!

---

7. इच्छाओं, हसरतों का मोती 9. छुपा हुआ

मुहब्बत

ज़र-ओ-चेहरा[1] शम्अ का है और धुँधली रौशनी
राह में फैली हुई
इक सुतूने-आहनीं[2] के साथ इस्तादा[3] हूँ मैं
और है मेरी नज़र एक मर्कज़[4] पर जमी;
आह! इक झोंका सबा[5] का आ गया
बाग़ से फूलों की ख़ुशबू अपने दामन में लिये—

सारी बस्ती नींद में बेहोश है
राहरौ कोई नहीं,
राह सब सूनी हुई;
आस्माँ पर हुक्मराँ है[6] शब की गहरी तीरगी
और फ़िज़ा में ख़ामुशी के साँस की आवाज़ है,
और है मेरी नज़र
एक मर्कज़ पर जमी,
सामने
रोज़ने-दीवार[7] से
एक साया मुझको आता है नज़र।

---

1. शक्ल-सूरत 2. लोहे के खम्भे के 3. सीधा खड़ा 4. केन्द्र बिन्दु, एक विशेष बिन्दु 5. पुरवाई
6. फैली है, क़ाबिज़ है 7. दीवार के सूराख़ से

संजोग

दिन ख़त्म हुआ, दिन बीत चुका,
रफ़्ता रफ़्ता[1] हर नज़्मे-फ़लक[2] उस ऊँचे-नीले मंडल से
चोरी-चोरी यूँ झाँकता है
जैसे जंगल में कुटिया के इक सीधे-सादे द्वारे से
कोई नन्हा चुपचाप खड़ा छुप कर घर से बाहर देखे !
जंगल की हर इक टहनी ने सब्ज़ी छोड़ी, शर्मा के छुपी तारीकी में
और रंग-ब-रंगे फूलों के सैले काले काजल बन कर रूपोश हुए,
और बादल के घूँघट की ओट से ही तकते-तकते
चंचल चंदा का रूप बढ़ा !
ये चंदा कृश्न, सितारे हैं झुरमुट वृंदा की सखियों का !
और ज़ोहरा[3] नीले मंडल की राधा बन कर क्यों आई है ?
क्या राधा की सुंदरता चाँद बिहारी के मन भायेगी ?
जंगल की घनी गुफाओं में जुगनू जगमग जगमग करते,
जलते-बुझते चिंगारे हैं !
और झींगुर ताल किनारे से गीतों के तीर चलाते हैं,
नग़मों में बहते जाते हैं।
लो आधी रात दुल्हन की तरह शरमाती थी, अब आ ही गई,
हर हस्ती पर अब नींद की गहरी मस्ती छाई—ख़ामोशी।
कोमल बोली !
और रात की इस तारीकी में ही दिल को दिल से मिलाएँ प्रेमी-प्रीतम—
हाँ, हम दोनों !

---

1. धीरे-धीरे 2. आसमान का हरेक सितारा 3. आकाश मंडल का एक ग्रह (शुक्र), जिसे ईरानी ज्योतिर्विज्ञान में स्त्रीवाची माना जाता है

कैफ़े-हयात[1]

नर्म और नाज़ुक, तुंद[2] और तेज़,
मीठा मीठा दर्द मेरे दिल में जागा;
मेरा है, मेरा है झूला ख़ुशियों का;
मस्त-मनोहर, मीठा मीठा दर्द मेरे दिल में जागा!
झूल रही हूँ, झूल रही हूँ सुंदर झूला ख़ुशियों का।

नरम बहाव तुंद और तेज़,
प्यारे घाव जुनूँअंगेज़[3]
मीठा मीठा दर्द मेरे दिल में जागा!

जीवन की नदी रुक जाये,
रुक जाये तो रुक जाये,
रुक जाये तो रुक जाये,
सिर्फ़ मेरे अहसास की नाव चलती जाये, नरम और तेज़!

गर्म लहू रग-रग में मचलता,
साथ है सपनों के पीतम का,
ख़ुशियों का झूला है मेरा,
झूल रही हूँ, झूल रही हूँ, नरम बहाव, नरम और तेज़!

---

1. जीवन का आनंद 2. प्रबल, प्रचंड 3. उन्मादक

जीवन की नदी रुक जाये, रुक जाये जीवन का राग,
रुक जाये तो रुक जाये,
रुक जाये तो रुक जाये,
रुक जाये तो रुक जाये
मीठा मीठा दर्द मेरे दिल में जागा,
झूल रही हूँ, झूला...

दूर और नज़दीक

तेरा दिल धड़कता रहेगा
मेरा दिल धड़कता रहेगा
मगर दूर-दूर!
ज़मीं पर सुहाने समय आके जाते रहेंगे
यूँ ही दूर-दूर!
सितारे चमकते रहेंगे
यूँ ही दूर-दूर!
हर एक शै रहेगी
यूँ ही दूर-दूर!
मगर तेरी चाहत का जज़्बा,
ये वहशी-सा नग़्मा
रहेगा हमेशा
मेरे दिल के अंदर
मेरे पास-पास...

एक तस्वीर

सोलह सिंगारों से सज कर एक सेज पर गोरी बैठी है
पीतम आये नहीं, आयेंगे, चुपकी रस्ता तकती है
लाख लगा कर पाँव सजाये, जगमग जगमग करते हैं
प्रेमी दिल को गरम, 'उबलते', वहशी ख़ून से भरते हैं
नयनों में काजल के डोरे अंग-अंग बरमाते हैं
नन्हे, काले काले बादल जग पर छाये जाते हैं
माथे पर सिंदूर की बिंदी, या आकाश पे' तारा है
देख के आ जायेगा जो भूला-भटका आवारा है
नरम रसीले साफ़ फिसलते गाल पे' तिल का भंवरा है
रोम रोम सुंदर सिंगारों से सिनोरा सिनोरा है
कानों में दो बुंदे जैसे नन्हे-मुन्ने झूले हैं
चंचल आँचल सुंदरता के सुख में सब कुछ भूले हैं
चूड़ा बेल बना लिपटा है, बाँहें गोया डाली हैं
बेल और डाली की रूहें यूँ मस्त हैं मद-मतवाली हैं
लेकिन पीतम आये नहीं हैं, आयेंगे, आ जायेंगे
इंद्रनगर की ख़ुशियों वाली बस्ती आके दिखायेंगे
फिर पाँवों की पाज़ेबें प्रेमी को राग सुनायेंगी
मीठे लम्हों की बातों के गीतों से बहलायेंगी

देवदासी और पुजारी

लो, नाच ये देखो नाच, पुत्र, एक देवदासी का!
धीरे-धीरे दूर हुआ है साया मेरे दिल से दिल की उदासी का,
तोल तोल कर पाँव हैं रखते, हल्के हल्के, ऐसे, मेरा मन चाहे
बन कर चंदा का उजियाला इस धरती पर बच जाए
मैं पथरीले खम्भे के पीछे छुपकर उसको देखूँ
चुपके चुपके हैरानी में यूँ बूझूँ
जैसे देवी की मूरत ही जीकर नाच रही हो नाच!
या भूले से जलपरियों के झुरमुट की रानी धरती पर आई हो,
और पानी की लहरों जैसे हिलती जाये, लहराये
या जंगल की चंचल हिरनी पत्तों पर फिसली जाये,
एक अँधेरे मन की नागिन फुँकारे और बल खाये,
जैसे मेरी ललचाई नज़रें पुचकारें इसका अंग
देवदासी धरती से छूकर उसे दिखलाये रंग,
काली काली चमकती आँखें बिजली जैसा नाच करें
और हरे मोती के गहने उजियाले में यूँ चमकें
जैसे ऊँचे नीले मंडल में चाँद और तारे नाचें!
बाँहों में फँस फँस कर आई हुई अँगिया की सलवट को
जब मैं देखूँ दिल में ज़ोर की धड़कन हो
औ तेज़ी से साँस चले,
लम्बे, ढीले-ढाले दामन में लहरों के बहने से
और घुमेर के पड़ने से
ज़ेहन की हर इक रग थिरके,
आहों का नग़्मा निकले।

आगे आना, पीछे जाना, थिरक थिरक कर रह जाना
सँभल–सँभल कर गिरती जाए, गिर–गिर कर सँभले फिर से,
डरना, झिझकना, फिर शोख़ी से, बेबाकी से बढ़ आना,
डगमग डोले धरम की नाव, डगमग मेरा धरम करे !

नाच–नाच कर जब थक जाये, थक कर हो जाए हलकान,
ले जाये यकसूई[1] मेरी, चैन मेरा और मेरा ज्ञान;

और फिर आया मोहन मंज़र[2] आँखों से ओझल हो जाये,
जब पथरीले ऊँचे खम्भों के साये उससे लिपटें
जैसे घटाएँ चमकती बिजली को अपने दामन में लें...

---

1. निश्चिंतता 2. दृश्य, नज़ारा

एक मंज़र*

फैल रही है सियाही, रस्ता भूल न जाना राही!

आज अस्नान किया गोरी ने (आज भला क्यों नहाई?)
ये सिंगार जाल माया का, इसने किससे निभाई!
मूरख, छोड़, नादानी की बातें, कैसी धुन ये समाई?

फैल रही है सियाही, रस्ता भूल न जाना राही!

झूमी गेसू की छाया तो ध्यान अनोखा आया
नटखट बृंदावन से साथ में राधा को भी लाया
राधा—मुख की उजली मूरत, श्याम गेसू का साया
साँसें ज्योति जाग रही है, पीछे घोर अंधेरा
देख के दो दुनियाओं का जल्वा डोल उठा मन मेरा
दोनों उड़ानें ध्यान के पंछी की, जोगी वाला फेरा

फैल रही है सियाही, रस्ता भूल न जाना राही!

दोनों लोक देख के ध्यान इक और ही जग का आया
दूर से देखो तो अँधियारा, पास उजाले की माया
माया का जब बंधन टूटे, छाये थकन का साया

फैले फिर से सियाही, रस्ता भूल ही जाना राही!

---

* एक भावस्थिति

अक्स की हरकत[1]

कुछ रंग का नूर, कुछ आवाज़ें, कुछ साये,—धुँधलके का पर्दा

—और मुझको झिझक है, कैसे कहूँ, सुनने वाले झल्लाएँगे

इक मूरत है, मीठी, मनमोहनी सूरत है,

अनमोल बदन इक चंद्रकिरन...लहराती है

बहती नद्दी...बल खाती है

इक पल को दिखाई देती है

फिर आँख झपकते ही ओझल हो जाती है,

हैरान हूँ कैसा जादू है

या मेरी आँख में आँसू है,

आँसू है धुँधलके का पर्दा...

कुछ साये हैं, कुछ आवाज़ें, कुछ रंग का नूर भी लरज़ाँ[2] है,

और मुझको झिझक है, कैसे कहूँ, सुनने वाले झल्लाएँगे;

क्या ध्यान आया? क्या ध्यान आया?

क्यों आँख झुकी, दिल शर्माया?

तेरी पूजा के मंदिर की मूरत डोली, जुग बीत चुके,

अब हारने वाले हार चुके और जीतने वाले जीत चुके

क्या सूखी-फूकी कहानी में इस रंग से मोहनी आ जाती...

वो रंग का नूर, वो आवाज़ें, वो साये, वो पर्दा...धुँधला?

धुँधला पर्दा पैराहन[3] है

साड़ी का रसीला दामन है

---

1. छाया की गति (भावानुवाद = 'छाया की माया') 2. थरथराता है 3. पोशाक, पहनावा, लिबास

रह-रह के लरज़ता जाता है
रुक-रुक के मचलता जाता है
इक साया उन आवाज़ों की
उजली नूरानी कहानी को
कह कह के लरज़ता जाता है
और आगे निकलता जाता है
और मुझको झिझक है कैसे कहूँ?—
ख़ामोश रहूँ, दुख-दर्द सहूँ—ये बात नहीं मेरे बस की।
क्यों जागती हैं लहरें रस की?
इन ज़हरी फूलों को कौन चुने?
दुख-दर्द की बात न कोई सुने,
हाँ, मुझको झिझक है कैसे कहूँ, सुनने वाले झल्लाएँगे;
ख़ामोश रहूँ, चुपचाप सहूँ, सहता जाऊँ
इक नद्दी में बहता जाऊँ—
बहती नद्दी...बल खाती है
लहराती है...इक चंद्रकिरन, अनमोल बदन,
मीठी मनमोहनी सूरत है
चंचल मतवाली मूरत है,
कुछ रंग का नूर, कुछ आवाज़ें, कुछ साये लरज़ते जाते हैं
और लम्हे[4] गुज़रते जाते हैं...और लम्हे गुज़रते जाते हैं!...

---

4. पल, क्षण

नागसभा का नाच

नागराज से, नागराज से मिलने जाऊँ आज
नागराज सागर में बैठे सर पर पहने ताज
नागराज की सभा जमी है ख़ुश्बुएँ लहराएँ
बहती, रुकती, उलझती जाती, मन को मस्त बनाएँ
चंदरिमा की किरनें आएँ बल खाएँ, बल खाएँ
नन्हे नन्हे, हल्के हल्के, मीठे गीत सुनाएँ
गाते गाते थकती जाएँ, सोयें सुख की नींद
(नागसभा में) हल्की हल्की, मीठी मीठी नींद
कुछ घड़ियाँ यूँ बीतें और फिर शंख बजाएँ नाग
वहशी और बेबाक, अनोखे नश्शे लाएँ नाग
सोयी किरनें जाग उठें और नाचें सुंदर नाच
देवदासी याद आ जाए, हाँ...और मंदिर...नाच
नागसभा के नाच अनोखे, सारा सागर...नाच
मेरा मन भी नचता जाए देख देख कर नाच

आँखमिचौली

हाँ, कितनी मुझको मुहब्बत है
उस लड़की से जो रहती है
कुछ दूर यहाँ मेरे घर से
मैं जाता हूँ उसको देखूँ
वो मुझको नज़र कब आती है
गर आ जाये मुझको देखे
झट नज़रों से छुप जाती है
क्या मैं सोचूँ और ये समझूँ
वो मुझसे नफ़रत करती है
लेकिन ये क्या! मैंने देखा
छुपकर उसने नीचे झाँका
क्या मैं सोचूँ और ये समझूँ
इज़हार[1] है मेरी चाहत का
लेकिन ये क्या! मैंने देखा
और मैं तन्हा फिरता ही रहा
जब आँख मिली दर बंद किया
लेकिन फिर उसको नहीं देखा
हाँ, उसकी सखी बाहर आई
देखा मुझको और लौट गई
क्या मैं सोचूँ और ये समझूँ
उसके कहने से आई थी?

---

1. व्यक्त करना (स्वीकार करना)

लेकिन ये क्या मैंने देखा
दोनों की हँसी बहती बहती
कानों में पड़ी कैसी थी घड़ी
जिसने इक उलझन में डाला
क्या थी वो ख़ंदा तयस्ख़ुर[2] का
या एक इशारा जुरअत[3] का?
मैं क्या सोचूँ मैं क्या समझूँ
उसको है मुझसे नफ़रत या
वो दम भरती है चाहत का
गर चाहत है और रग़बत[4] है
फिर अब तक इतनी देर है क्यूँ?
गर नफ़रत है क्या फ़िक्र उसे
फिर अक्सर ऐसी छेड़ है क्यों?
हाँ, इसकी मगर है मुझको ख़बर
ये मेरी मुहब्बत का दा'वी[5] पूरा पक्का सच्चा सोना
हाँ, कितनी मुझको मुहब्बत है इस लड़की से जो रहती है
कुछ दूर यहीं मेरे घर से

---

2. उपहास या दिल्लगी की हँसी 3. बेबाकी, दुस्साहस 4. अभिलाषा 5. हक़दार, दावेदार

कथक

दीवार पे नक़्श मुसव्विर के[1], या संगतराश[2] की कारीगरी
या सुर्ख़ लिबास सजाए हुए मोहन-चंचल शीशे की परी
या बन के पुराने मंदिर में बोले जो पुजारी—हरी, हरी
इसके दिल की देवदासी एक और ही रूप में नाचती है
अब दायें झुको, अब बायें झुको, यूँ ठीक, यूँ ही, ऐसे ऐसे

क्यूँ छोड़ सिंहासन राजा ने बनवास लिया, क्या बात हुई
कब सुख का सूरज डूब गया, कब शाम हुई, कब रात हुई
सावन की रिमझिम गूँज उठी, बादल छाये, बरसात हुई
राजा तो कहाँ, परजा प्यासी एक और ही रूप में नाचती है
अब दायें झुको, अब बायें झुको, यूँ ठीक, यूँ ही, ऐसे ऐसे

कोई गीत सुने, कोई नाच पर अपने सिर को धुने—दीवाना है
मिट जाये धुँधलका, ध्यान आये, ये गीत ये नाच बहाना है
सा-रे-गा-मा-पा-धा-नी भेद है, भेद मगर ये फ़साना है
इस भेद को बूझ थके ज्ञानी, अब नद्दी बहती जाती है
कभी दायें गई, कभी बायें गई, कभी लौट के फिर से बढ़ी आगे

तू कौन है, बोल, बता तेरा क्या नाम है, देस कहाँ तेरा?
क्या एक छलावा है? खो जाए तो कैसे पाएँ निशाँ तेरा?
हम एक ज़मानो-मकाँ के हैं, और तू—हर एक जहाँ तेरा
तिरी आवाज़ तो उलझाती है, गूँज के कहती जाती है
जो जाग रहे थे सो भी चुके, जो सोये थे चौंक उठे, जागे!

---

1. चित्रकार के चित्र 2. मूर्तिकार

दुख के बादल

दुख के धुँधले बादल छाये
और घनघोर घटा के साये
आई उबलती और इठलाती बैरन, ज़हरी रात
दुख के बोझिल भेद सुझाती तीखी, चुभती रात
आस नहीं है मेरे मन में
पीतम है अपने आँगन में
सुख सेजों के ध्यान का माली मन में अपने आप
रो-रो कर, आँखों को खोकर बैठा है चुपचाप
जीवन है इक सूखा सपना
कोई नहीं है जग में अपना
कोई नहीं है साथी मेरा, कोई नहीं है साथ
दिल को दुख में दे जो सहारा, प्रेम से थामे हाथ
तन-मन वार दिया, नादानी,
बन जा हर बंधन का ज्ञानी,
रात सपन में सोये-सोये आया है संदेस
मुक्ति मुझको मिल जाएगी छोड़ूँ अपना देस

पर्दा

तुम और देस, हम और देस—हम दो परबत
कहो कैसे मिलें
क्या जतन करें
हम, तुम—दोनों अनजान रहे
तुम और देस, हम और देस

कब मिले मीत, यही जग की रीत, सपना ग़ुर्बत
दूर ही जीवन
ढो रही जीवन बंधन
सब ज्ञानी इसको मान रहे
यही जग की रीत, कब मिले मीत

कोई गीत अगर बन जाते हम
हर सुर से रस टपकाते हम
और भूल के याद न आते हम
बादल होते
घुलते घुलते
आकाश में ही खो जाते हम
और ऐसे अमर हो जाते हम
दरिया होते

बहते बहते
फिर सागर में मिल जाते हम
और मिलकर धूम मचाते हम
ये गीत हमेशा गाते हम :
'सब ज्ञानी ही अनजान रहे'
लेकिन क्या हो—
जब ऐसा हो
हम और देस, तुम और देस

ग़ज़ल[1]

कई सितारे चमक रहे हैं

लरज़ लरज़ कर दमक रहे हैं

मगर जब आएगा दिन का चीता

और इन सितारों का वक़्त बीता

तो आस्माँ के नुकीले जुगनू

बनेंगे पल में ढुलकते आँसू

सहर के[2] पर्दे में जा छुपेंगे

मैं और तू आज हैं इकट्ठे

सुना रही तेरी जुदाई

मुझे मिरे इश्क़ की कहानी

मगर है इक ख़ौफ़ सा क़ाफ़िला में

है एक लरज़िश सी[3] इस हवा में

सितारे अब टिमटिमा रहे हैं

ख़िज़ाँ के[4] आसार छा रहे हैं

मुझे ये महसूस हो रहा है

कि अब सितारों का वक़्त बीता

बस अब तो आएगा दिन का चीता

अब आस्माँ के नुकीले जुगनू

ये दश्ते-अंजुम के प्यारे आहू[5]

सहर के पर्दे में जा छुपे हैं

---

1. यहाँ यह शीर्षक काव्य-रूप या छंद-प्रकार के अर्थ में नहीं, नज़्म की भाव-भूमि के अर्थ में है 2. सुबह, भोर 3. थरथराहट सी 4. उजाड़, पतझड़ 5. सितारों के वन के प्यारे मृग

एक नज़्म

ऐ प्यारे लोगो !
तुम दूर क्यों हो ?
कुछ पास आओ,
आओ कि पल में
ये सब सितारे
तारीकियों के
उस पार होंगे,
ऐ प्यारे लोगो !
मैं तुमसे मिल कर
बेहतर बनूँगा,
ऐसे अकेले
यूँ रोते रोते
आँसू बहेंगे
और कुछ न होगा,
तुम पास आओ
फिर देख लेंगे
दुनिया है क्या कुछ
और देन क्या है,
फिर जान लेंगे
हर साँस कैसे
आँखें झपकते

अनमिट बना था
लेकिन मुहब्बत
ये कह रही है
हम दूर ही दूर
और दूर ही दूर
चलते रहेंगे...

सरसराहट

यहाँ—इन सिलवटों पर हाथ रख दूँ?

ये लहरें हैं, बही जाती हैं और मुझको बहाती हैं,

ये मौजे-बादा हैं साग़र की[1], ख़्वाबिंदा फ़ज़ाओं में[2]

अचानक जाग उठती हैं,

हक़ीक़त के जहाँ से कोई इस दुनिया में दर आये

तो उसके होंठ मुंतबस्सुम हों,[3] शायद क़हक़हा उठकर

मेरे दिल को जकड़ ले अपने हाथों से,

मगर मैं यह समझता हूँ कि ये लहरें अभी तक साहिली मंज़र[4] से
    नावाक़िफ़ हैं,

यूँ ही इक बहाना कर रही हैं।

इक बहाना किसको कहते हैं ?

बहाने ही बहाने हैं

बढ़ाकर रख दिया लहरों पे मैंने हाथ,

मेरा हाथ इक कश्ती की मानिंद इक मौजे-तुंद की उफ़्ताद[5] के
    जल्वे को मेरे सामने लाकर...हुआ है गुम

ये सब मौजे-तख़य्युल की रवानी[6] थी...

मगर मैं सोचता हूँ बात जो कहने की थी मैंने न क्यों
    पहले ही कह दी...

वक़्त की बे.फ़ायदा मस़रिफ़[7]

---

1. प्याले से उठती शराब की तरंगें 2. रौनक या माहौल में स्वप्नाविष्ट 3. मुस्कुराएँ 4. तट के नज़ारे से 5. प्रबल-प्रचंड लहर की आपदा 6. कल्पना की तरंगों का प्रवाह 7. व्यर्थ की बर्बादी

हर एक पोशीदा मंज़र को उगल डालेगा, एक लम्हा वो आएगा
कि जब इस बात के सुनने पे सुनने वाले सोचेंगे
बहाना क्या था? सलवट क्या थी? मौजे-बादा भी क्या थी?
मगर शब की अँधेरी ख़ल्वते-गुमनाम[8] के पर्दें में खोकर उनको ये
मालूम हो जाएगा इक पल में
और इक लज़्ज़त के कैफ़े-मुख़्तसर में[9] खो के वो बेसाख़्ता[10] कह
उठेंगे,
''क्या मुझको इजाज़त है,
''यहाँ इन सलवटों पर हाथ रख दूँ?''—ये झिझक कैसी?
ये लहरें हैं, इन्हें निस्बत[11] है काली रात के ग़मनाक दरिया से
जो बहता ही चला जाता, रुकता ही नहीं पल को
जैसे कुछ भी ग़रज़ इससे नहीं है हाथ रख दूँ या
झिझक इस हाथ को मेरे कलेजे से लगा दे,
और मैं सो जाऊँ इन लहरों के बिस्तर में।

---

8. अज्ञात एकांत 9. हल्के से नशे या सुरूर में 10. सहसा 11. समानता, तुल्य

नारसाई[1]

रात अँधेरी, बन है सूना, कोई नहीं है साथ,
पवन झकोले पेड़ हिलाएँ, थर थर काँपे पात,
दिल में डर का तीर चुभा है, सीने पर है हाथ,
रह रहकर सोचूँ यूँ कैसे पूरी होगी रात!

बरखा रुत है और जवानी, लहरों का तूफ़ान,
पीतम है नादान, मिरा दिल रस्मों से अनजान,
कोई नहीं जो बात सुझाए, कैसे हों सामान?
भागूँ? मुझको राह दिखा दे, मुझको दे दे ज्ञान,

चप्पू टूटे, नाव पुरानी, दूर है खेवनहारा,
बैरी हैं नद्दी की मौजें, और पीतम उस पार—
सुन ले, सुन ले, दुख में पुकारे इक प्रेमी बेचारा
कैसे जाऊँ, कैसे पहुँचूँ, कैसे जताऊँ प्यार?

कैसे अपने दिल से मिटाऊँ बिरह-अगन का रोग?
कैसे सुलझाऊँ प्रेम-पहेली, कैसे करूँ संजोग?
बात की घड़ियाँ बीत न जायें, दूर है उसका देस
दूर देस है पीतम का और मैं बदले हूँ भेस...

---

1. पहुँच से परे

चल चलाव

बस देखा और फिर भूल गये,
जब हुस्न निगाहों में आया
मन-सागर में तूफ़ान उठा
तूफ़ान को चंचल देख डरी—आकाश की गंगा दूध भरी
और चाँद छुपा तारे सोये, तूफ़ान मिटा, हर बात गई
दिल भूल गया पहली पूजा, मन-मंदिर की मूरत टूटी
दिन लाया बातें अनजानी, फिर दिन भी नया और रात नयी
पीतम भी नयी, प्रेमी भी नया, सुख सेज नयी, हर बात नयी
इक पल को आई निगाहों में झलमल झलमल करती पहली
सुंदरता और फिर भूल गये,
मत जानो हमें तुम हरजाई,
हरजाई क्यों, कैसे? कैसे?
क्या दाद जो इक लम्हे की हो वो दाद[1] नहीं कहलाएगी?
जो बात हो दिल की, आँखों की
तुम इसको हवस क्यों कहते हो?
जितनी भी जहाँ हो जल्वागरी[2] उससे दिल को गर्माने दो
जब तक है ज़मीं
जब तक है ज़माँ
ये हुस्नो-नुमाइश जारी है
इस एक झलक को छिछलती नज़र से देख के जी भर लेने दो

---

1. प्रशंसा, तारीफ़ 2. सुंदरता

हम इस दुनिया के मुसाफ़िर हैं
और क़ाफ़िला है हर आन रवाँ,[3]
हर बस्ती, हर जंगल, सहरा और रूप मनोहर परबत का
इक लम्हा मन को लुभाएगा, इक लम्हा नज़र में आयेगा

हर मंज़र,[4] हर इंसाँ की दया, और मीठा जादू औरत का
इक पल को हमारे बस में है, पल बीता, सब मिट जाएगा
इस एक झलक को छिछलती नज़र से देख के जी भर लेने दो,
तुम इसको हवस क्यों कहते हो ?
क्या दाद जो इक लम्हे की हो वो दाद नहीं कहलाएगी ?

है चाँद फलक पर इक लम्हा,
और एक लम्हा ये सितारे हैं,
और उम्र का अर्सा भी, सोचो, इक लम्हा है !

---

3. गतिमान 4. दृश्य, नज़ारा

अंज़ाम का आग़ाज़[1]

अगर तनहाई गूँज उठी तो फिर भी
बहुत से लफ़्ज़ याद आते रहेंगे

अभी दीवार का पर्दा था हाइल[2]
अभी जैसे झरोखे खुल गये हैं
हवा का एक झोंका लहलहाता
लचकता, लहलहाता लहलहाता
चला आया, गया—जाने कहाँ है !
अँधेरा रास्ता रोने लगा है—

ये पसमुर्दा[3] झकोले कह रहे हैं, कि साँसों का निशां बाक़ी नहीं है
इन्हीं की आमदोसद[4] से बना था—ज़माना एक पल का आशियाना
इन्हीं में इक महक आई थी ऐसी, जिसे रोके हुए चलना पड़ा है—

थकन का नाम ही कोई नहीं है
वही झोंके, झकोले, साँस, हर शै
मिटी जैसे मिटे पल-पल ज़माना—

कोई भी लफ़्ज़ याद आता नहीं है
मगर तनहाई बढ़ती जा रही है
यही एक नक़्श[5] अब बाक़ी रहेगा
अँधेरा—फैलता, बढ़ता, सिमटता

---

1. परिणाम का प्रारम्भ, नतीजे की शुरुआत 2. रोक, आड़ 3. मरणासन्न 4. आने और रुकने से
5. निशान, चिह्न

हादसा

एक फ़रिश्ता फूल बरसाता हुआ
सेहने-गुलशन में[1] हुई उसकी नुमूद;[2]
लाउबाली[3], लम्हए-जोशे-शबाब,
इस हक़ीक़त को कभी तू जान सकती ही न थी,
उस फ़रिश्ते के हसीं मलबूस में[4] शैतान था
एक लम्हे के लिए, बस एक लम्हे के लिए
दिल पे तेरे छाई वहशत[5] मस्त-मस्त
और फिर दिल से मेरे रुख़्सत हुआ जोशे-जुनूँ
ख़ुश्क पत्तों पर था उफ़्तादा[6] तिरा
नर्म ओ नाज़ुक, सर्द, जिस्मे-सीमगूँ[7]

---

1. फुलवारी के अंदर 2. प्रकट होना, आविर्भाव 3. बेफ़िक्र, बेपरवाह 4. शक्ल या रूप में
5. दीवानगी 6. शिकार (शाब्दिक अर्थ – रौंदा हुआ) 7. रुपहले रंग वाला शरीर

सरगोशियाँ[1]

आज रात
मेरा दिल
चाहता है तू भी मेरे साथ हो
और सोएँ साथ-साथ,

तेरे पैराहन[2] मुझे
याद आते हैं बहुत
आस्माँ भी साफ़ है
और सितारे और चाँद
बेख़ुदो-सरमस्त[3] हैं
ताज़गी
है अयाँ[4]
ज़र्रे-ज़र्रे से ज़मीं के, आह, लेकिन बेबसी
और तन्हाई मिरी;
आज तू आजा, मेरी हमराज़ बन,
आ भी जा;
ले, घटाएँ आ रही हैं बेनिशाँ रफ़्तार से
और इन काली घटाओं में है सरमस्ती, ख़ुमार,
और पानी के हैं तार
तू भी आ,
मिल के हम

---

1. कानाफूसी, कान में चुपके-चुपके कही गई बातें 2. पहनावा, पोशाक 3. बेसुध 4. स्पष्ट, प्रकट

आज रात
गा ही लें चाहत का गीत!
जिस्म भी तेरा मुझे मग़्लूब[1] है
और तेरी हर अदा
और ये चेहरा तिरा
महबूब है

तेरी ये प्यारी जवानी इक अछूती-सी कली
और सूरत सादी-सादी साँवली
और तिरे बालों में ये चम्पा के फूल
और नाज़ुक बाँहों पर लिपटा हुआ गजरा तिरा
और गले में एक हार...
आह, तेरे सब सिंगार
खींचते हैं दिल के तार
और इक हल्की-सी गूँज,
इस फ़ज़ा की बुसअतों में[2] खो गई

आ मिरी नन्ही परी,
आ मिरी मनमोहनी,
आज रात
चाहता हूँ तू भी मेरे पास हो!

---

1. पसंदीदा 2. माहौल के फैलाव, वातावरण के विस्तार में

पास की दूरी

मुंतज़र[1] एक ही लम्हे की थीं दोनों रूहें,
इब्तिदा[2] दूर हुई, दूर बहाने, शोख़ी
दूर—सैयारे-ख़राबाँ[3] थे फ़लक[4] पर, दोनों
एक मंज़िल पे पहुँचने के लिए...

फिर पुराना वही अफ़साना, वही सेब की, अंज़ीर की बात
लर्ज़िशे-क़ल्ब[5] से रफ़्तार की तेज़ी लिपटी
तेज़ तूफ़ान से मिलने चली ख़ूँ की गर्दिश[6]
जैसे काजल-सी घटा सावन की
वहशियाना-सी उमंगें लाये—
जिस्म के साज़ में सब तार खिंचे और फैले
नग़मा बेदार[7] हुआ
नग़मा बेदार हुआ
नग़मा बेदार हुआ
पुतलियाँ फैल गईं, साँस भी गहरी-गहरी
आह !...रक़्साँ हुई निकहत गुल की[8]—
एक थिरकती हुई नाज़ुक पत्ती—
लहकी-लहकी सी सदा, चीख़ की धीमी लहरें
ख़ल्वते-शब[9] की फ़ज़ा में हुई सरगर्म ख़िराम[10]—
और फिर आ ही गई नींद की ख़ामोश परी
सुब्ह दम जैसे हवा गाल से छू जाए कभी
एक शादाब सुकूँ[11] रूह पे छाया, इस दम
दिल में भरपूर थी अहसास की शीरीं[12] नरमी...

---

1. प्रतीक्षित 2. आरम्भ, शुरुआत 3. वीराने के ग्रह या सितारे 4. आसमान 5. दिल की धड़कन
6. ख़ून की भँवरें, आवेश, आवेग 7. गूँज उठा 8. फूलों की ख़ुशबू थिरक उठी 9. रात के
एकांत की 10. तेज़ रफ़्तार 11. तन-मन की ख़ुशी से भर देनेवाला संतोष 12. मधुर

उजाला

आशा आई, सारे मन के दुख इक पल में मुझको भूले
मनमंदिर में सुख-संगत ने ऐसी उमंगें आन जगाईं
जैसे कोई सावन रुत में फुलवारी में झूला झूले
कोमल लहरें मेरे मन में एक अनोखी शोभा लाएँ
जैसे ऊँचे नीले सागर में दो कुँजें उड़ती जाएँ
जैसे बसंती समां सुहाना मन को चंचल नाच नचाए
हैरानी है मेरे मन में ऐसी बातें कहाँ से आएँ?
मन सोया था, सोये हुए को कौन पुकारे, कौन जगाये?
जैसे कोई नवजीवन का हरकारा संदेसा लाये,
जिसके मन में आशाएँ, बस वो ही बूझे, वही बताए।

बक़ा[1]

कलियाँ चटकीं, ग़ुंचे महके
रंग-ब-रंगे पंछी चहके
अपनी अपनी बातें कहके
कौन बताये कहाँ गये हैं
    बूढ़ा बरगद सोच रहा है

छिड़ी हुई है कथा सुहानी
एक कहानी सब की जुबानी
कुछ अनजानी कुछ मनमानी
पल-पल छिन-छिन रंग नये हैं
    बूढ़ा बरगद सोच रहा है

दुख के दिन और सुख की रातें
होनी या अनहोनी बातें
किसकी जीतें किसकी मातें
आँख से अब तक भेद छुपे हैं
    बूढ़ा बरगद सोच रहा है

---

1. जीवन, नित्यता, जो कभी नष्ट न हो

सिलसिला-ए-रोज़ो-शब[1]

ख़ुदा ने अलाव जलाया हुआ है
उसे कुछ दिखाई नहीं दे रहा है
हर इक सिम्त[2] उसके ख़ला[3] ही ख़ला है
सिमटते हुए, दिल में वो सोचता है
तअज्जुब कि नूरे-अज़ल[4] मिट चुका है

बहुत दूर इंसान ठिठका हुआ है
उसे एक शोला नज़र आ रहा है
मगर इसके हर सिम्त भी इक ख़ला है
तख़ैय्युल[5] ने यूँ इसको धोखा दिया है
अज़ल[6] एक पल में अबद[7] बन गया है

अदम[8] इस तसव्वुर[9] पे झुँझला रहा है
नफ़स दो नफ़स को[10] बहाना बना है
हक़ीक़त का आईना टूटा हुआ है
तो फिर कोई कह दे ये क्या है, वो क्या है
ख़ला ही ख़ला है, ख़ला ही ख़ला है

---

1. दिन-रात का सिलसिला 2. तरफ़ 3. शून्य, ख़ालीपन 4. अनादिकाल का प्रकाश या दिव्य भाव 5. कल्पना, उड़ान, भ्रम 6. अनादि 7. अनंत 8. यमलोक, परलोक 9. विचार, ख़याल 10 दो-एक साँसों का

गीत

1

लाख सुझाओ एक न माने, दिल है ऐसा बावला

हँसी हँसी में रोना जाने, आँख खोल के सोना जाने
नटखट भाव दिखाये अनोखे, जैसे मदारी करे बहाने

लाख सुझाओ एक न माने, दिल है ऐसा बावला

जो चाहे वो रोग लगा ले, रस्ता चलते दर्द बढ़ा ले
आँख को उल्टी राह बताए, भला कहो तो भला न जाने

लाख सुझाओ एक न माने, दिल है ऐसा बावला

पल में ऊँचा महल बनाये, दासियाँ आयें रानी आये
ढाये पल में बना-बनाया, मोती रोले कंकड़ छाने

लाख सुझाओ एक न माने, दिल है ऐसा बावला

अभी है राजा, अभी भिखारी; अभी है साधु, अभी संसारी
इस चंचल का भेद न पाया, करे वही जी में जो ठाने

लाख सुझाओ एक न माने, दिल है ऐसा बावला

2

अंधी दुनिया आधी साधो,
अंधी दुनिया आधी!
सोच बूझ कर जान ले, मूरख, बैठ लगा के समाधी
हाथ को हाथ न सूझे किसी का, छाया घोर अँधेरा
गुप्त भवन में बैठे रोएँ मिल कर सब अपराधी
पूरी बात सुनी न किसी ने, दिल की दिल से दूरी
ज्ञान-मील की तान मनोहर क्या पूरी क्या आधी
धरती चाँद-सितारों समान सभी अनजान पड़ोसी
अपने पराये और जगत के, हमने भी चुप साधी

3

ऐसा तो देखा न था जैसा दिल बेचैन है आज
घाव नींद से चौंक उठा है आँख झपकते दर्द बढ़ा है
काली घटा से उन आँखों का रिसता काजल याद आया है
दर्द की फ़ौजें जीत रही हैं
कैसी घड़ियाँ बीत रही हैं
ऐसा तो देखा न था जैसा दिल बेचैन है आज

बस्ती थी वो रूपनगर की ख़ुशबू छाई हुई थी अगर की
अब सूना सुनसान समां है बरखा लगी है चश्मे-तर[1] की
आँसू थक कर चूर हुए हैं
राजा रानी दूर हुए हैं
बैरी मन ये सोच रहा है अब है किसका राज

हम तो जो बीते वो सह लें दिल की बातें दिल ही से कह लें
मन से जो धारा फूटी है तिनका बन कर उसमें बह लें
एक ही बात है जी की बैरन
याद न आये प्रेम का बंधन
कानों में ये बोल न गूँजें—तुम हो मेरे सरताज

होनी के हैं बान निराले देखे रंग हर आन निराले
जी के रोग की शान अनोखी प्रेम के हैं सामान निराले
आस ये जागी है अब मन में
लौट आएँगे वो आँगन में
अंदेशे आयें तो आयें, वहम का क्या है इलाज !

---

1. गीली आँखों की

4

भर ले अमरित प्याला प्यारे, पल में जग उजियाला
इसमें छुपा है दुख का दारू
लहर लहर में सुख का जादू
इस प्याले का अमरित मीठा, सोच मिटाने वाला
प्यारे
भर ले अमरित प्याला !

इस प्याले में ऐसी दुल्हन है
चंचल, सुंदर, मनमोहन है
हाथ बढ़ा कर बस में कर ले, क्या चोथीचाला

पीने   वाले   पीते   जाएँ
जीने   वाले   जीते   जाएँ
पीकर, जीकर जीवन बीते, टूटे दुख का भाला

आन की आन जहान है सारा
आन की आन है बहती धारा
आन की आन उतार गले से ज्ञान-ध्यान की माला

अब तक जग में आये हज़ारों
अपनी बोली लाये हज़ारों
हमसे मीठी बानी सुन ले, भर ले अमरित प्याला

सारा जग घमसान का रन है
तू क्यों अपने दुख में मगन है
तू भी हाथ बढ़ा कर आगे बन जा पीने वाला
प्यारे
भर ले अमरित प्याला

5

बरखा के लाखों ही तीर, दिल पर किसको सहूँ मैं
चारों ओर झूले हरियाली
छाई गगन पे घटा मतवाली
छाजों बरसे नीर, दिल की किससे कहूँ मैं

रह रह आयें पवन-झकोले
डोले, डोले, नैया डोले
ठंड से काँपे शरीर, अब तो चुप न रहूँ मैं

बादल बन गये प्रेम-हिंडोले
दुख का बंधन कोई न खोले
आ जाओ रनबीर, दुखड़ा तुमसे कहूँ मैं

6

कोई न जाने, कोई न जाने मेरे दिल का हाल
जीना है जंजाल मुझे, अब जीना है जंजाल

साँवली सूरत, मस्त मनोहर, तीखे-तिरछे नैन
चाल रसीली, दिल गर्माती, और घटा-से बाल

राग-रंग का झूला झूले सुखिया सब संसार
मेरा दिल है दुख से बोझिल, दूर है दुख की ढाल

मीठे-मीठे, मन को भाते सब दुनिया के गीत
लेकिन मेरा जीवनराग अनोखा, बे सुर-ताल

दिल की बात न होगी पूरी, बंधन लाख हज़ार
कब छोड़ूँगा, कब टूटेंगे ये माया के जाल

7

बीत चली है, बीत चली है, बीत चली है रात

ऊधौ

बीत चली है रात

अब तक आई नहीं है राधे, हो चुकी है ये बात

ऊधौ

बीत चली है रात

रस्ते में सौ डर की बातें, बैरी ज़हरी नाग

कोई न जाने छुप कर बैठा कौन लगाये घात

ऊधौ

बीत चली है रात

शर्मीली, निर्बल-सी नारी सहम सहम ना जाए

भगवन् उसको राह बता दे, थाम के लाये हाथ

ऊधौ

बीत चली है रात

मैं भी अकेला, वो भी अकेली, दूर है दोनों—दूर

रात का अँधियारा है गहरा, काली अंधी रात

ऊधौ

बीत चली है रात

शर्मीली, निर्बल-सी नारी वो आई, वो आई!

अच्छा, कह दे रस्ते में तू डर से नहीं घबराई!

तेरे मन की कौन सी शक्ति तुझको यहाँ तक लाई!
विद्यापति[1] ये बात सुझायें, प्रेम की शक्ति, भाई!
प्रेम की शक्ति लाई यहाँ तक, प्रेम की है क्या बात!
ऊधौ
प्रेम की है क्या बात!

---

1. तेरहवीं-चौदहवीं सदी ईस्वी के मैथिली बोली के कवि

8

जब   आने   वाले   आयेंगे

तब सब बंधन खुल जायेंगे

अब झलमल झलमल तारे हैं सब पीतम के हरकारे हैं

ये   अपना   जी   बहलायेंगे

आने   वाले   आ   जायेंगे

अब जगमग जगमग चंदा है सपनों का गोरखधंधा है

सपनों   में   हम   खो   जायेंगे

और   आने   वाले   आयेंगे

दिन बीता, शाम भी बीत गई और रात भी बाज़ी जीत गई

कुछ   देर   में   तारे   जायेंगे

आने   वाले   कब   आयेंगे

जब आस का गीत ही माँद हुआ तब दिल भी ढलता चाँद हुआ

अब   तो   नहीं   जी   बहलायेंगे

कभी   आने   वाले   आएँगे

9

जिसके दिल में दुख का बसेरा, उसको एक हैं साँझ सवेरा
दोनों एक हैं साँझ सवेरा, नूर-अँधेरा दोनों एक
सुख है सपना दुख है अपना
घर में बैठ के माला जपना

पूजा को मंदिर का फेरा, साँझ सवेरा दोनों एक
दोनों एक हैं साँझ-सवेरा, नूर-अँधेरा दोनों एक
रात को रोना दिल को धोना
रोते रोते तन-मन खोना

दोनों एक हैं तेरा-मेरा, नूर-अँधेरा दोनों एक
दोनों एक हैं नूर-अँधेरा, साँझ-सवेरा दोनों एक
किसने रिहाई इनसे पाई
दुख-सुख दोनों हैं हरजाई

एक से बढ़ कर एक का घेरा, साँझ-सवेरा दोनों एक
दोनों एक हैं साँझ-सवेरा, नूर-अँधेरा दोनों एक
कैसा अँधेरा कैसा सवेरा
चाहे फेरा, चाहे बसेरा

अपनी नज़र में पल का डेरा, साँझ-सवेरा दोनों एक
दोनों एक हैं साँझ-सवेरा, नूर-अँधेरा दोनों एक

10

जमुना-तट से आई तान
मैं घर बैठी सुख में डूबी
दुख-संदेसा लाई तान
जैसे तीर को छोड़े कमान-जमुना-तट से आई तान

रात अँधेरी और सुनसान
बंसी गूँजी चुभती चुभती
जमुना-तट से आई तान
दुख-संदेसा लाई तान

कोई नहीं जो राह बताये, कोई नहीं जो दे दे ज्ञान
मैं जा पहुँचूँ उन चरनों में लेकर फूलों का बलिदान
फूल चढ़ाऊँ भेंट चरन की, मन से बोलूँ हे भगवान
आज हुआ संजोग प्रेम का, प्रेम-बंसी की मीठी तान
जमुना-तट से आई तान
प्रेम-संदेसा   लाई   तान

11

जीवन एक मदारी, प्यारे, खोल रखी है पिटारी
कभी तो दुख का नाग निकाले, पल में उसे छुपा ले
कभी हँसाये कभी रुलाये, बीन बजाकर सबको रिझाए
उसकी रीत अनोखी, न्यारी, जीवन एक मदारी

कभी निराशा कभी है आशा, पल-पल नया तमाशा
कभी कहे हर काम बनेगा, जग में तेरा नाम बनेगा
बने दयालू हत्याचारी, जीवन एक मदारी

जब चाहे दे जाये धोका, उसको किसने रोका
तू भी बैठ के देख तमाशा, कभी निराशा कभी है आशा
पतझर में भी खिली फुलवारी, जीवन एक मदारी

आये हँसी मिट जाएँ आँसू, उसमें ऐसा जादू
बंदर नाचे क़लंदर नाचे, सबके मन का मंदर नाचे
झूम के नाचे हर संसारी, जीवन एक मदारी

12

जीवन रनभूमि के समान

आन के साथ जहान; जीवन रनभूमि के समान
घर जो उजाड़े वही लुटेरा देख सके कब तेरा-मेरा
हाथ पड़ी हर शै ले भागे मोह ने जिसके दिल को घेरा
मोह ने जिसके दिल को घेरा
उसको बैरी जान
जीवन रनभूमि के समान

जी दहलाती आँधी आई; सारे जग में छिड़ी लड़ाई
पूरब पश्चिम अँधियारी है कौन है भाई, कौन क़साई
कौन है भाई, कौन क़साई
इसकी क्या पहचान
जीवन रनभूमि के समान

देख देख कर पाँव बढ़ाना आगे-पीछे देखते जाना
जहाँ भी देखो मची धाँधली देख न हरगिज़ धोखा खाना
देख न हरगिज़ धोखा खाना
तू है अभी नादान
जीवन रनभूमि के समान

जाग घटा पूरब से आई; हो न कहीं जग में रुसवाई
बढ़े देस के सारे सूरमा सबको दे दुश्मन से रिहाई
सबको दे दुश्मन से रिहाई
इसमें है अब आन
जीवन रनभूमि के समान

13

चंचल हँसमुख नारी, पल में दुख की याद भुला दी सारी
तीखी चितवन, गहरा काजल
कोमल आँचल, उड़ता बादल
अंग-अंग लहराती डाल-सी—चंचल हँसमुख नारी
ज्योति माथे के आँगन की
गेसू परछाई नागन की
बिलखे आशा बिस की मारी—चंचल हँसमुख नारी
बात का रस बरखा सावन की
रूप के गीत में तान जीवन की
अस्थाई, अंतरा, संचारी—चंचल हँसमुख नारी
इंद्रसभा की बहती धारा
गीत भी प्यारा नाच भी प्यारा
पल-पल छिन-छिन शोभा न्यारी—चंचल हँसमुख नारी
कलियाँ चटकें, भँवरे भी आयें
चूस-चूस कर रँग उड़ जायें
खिली रहे सुंदर फुलवारी—चंचल हँसमुख नारी
भेद की बात सुझाई तूने
एक पहेली बुझाई तूने
जो सुन ले बन जाय पुजारी—चंचल हँसमुख नारी

14

धुँधले पड़ गये ख़्वाब हमारे, धुँधले पड़ गये ख़्वाब
दिल पे थकन की घटा छाई है, अब ये नहीं बेताब
हमारे
धुँधले पड़ गये ख़्वाब

बीता समां अब जी से भुलाएँ, रूठ गया वो रूप
हल्की हल्की छाँव थी और हल्की हल्की धूप
अब तो थकन की घटा छाई है, सुख है अब सराब[1]
हमारे
धुँधले पड़ गये ख़्वाब

धुँधले पड़ गये ख़्वाब हमारे, भूले नादानी के बहाने
बोलो, बूझे कौन पहेली भेद का बंधन कोई न जाने
रुक के, ठहर के बना है सफ़ेदी अब चंचल सीमाब[2]
हमारे
धुँधले पड़ गये ख़्वाब

बहती धारा सूख गई है रात नयी है बात नयी है
तान टूटी है, गीत मिटा है, साकिन है[3] मिज़राब
हमारे
धुँधले पड़ गये ख़्वाब

बंसी रात में किसने बजाई—राम दुहाई राम दुहाई
राख में चिनगारी क्यों सुलगी इसकी नहीं है ताब
हमारे
धुँधले पड़ गये ख़्वाब

---

1. मृग मरीचिका 2. पारा 3. ठहरा हुआ है

15

दिल में कैसी पुकार ?
किसका है प्यार दिल में, कैसी पुकार ?

इन आँखों में आँसू कैसे ?
आहें कैसी, क्यूँ बेज़ार ?
दिल में कैसी पुकार ?

अपने दुख को भूल के जी से
बाहर देखो छाई बहार,
दिल में कैसी पुकार ?

छम-छम-छम-छम नाच रही है
मोहन धरती करके सिंगार,
दिल में कैसी पुकार ?

इस जीवन का एक किनारा
उसके आगे आर न पार
दिल में कैसी पुकार ?

सबके दिल का गीत सहारा
गीत से होगी नैया पार,
दिल में कैसी पुकार ?

जग में पल का साथ है सारा
पल की जीत है, पल की हार
दिल में कैसी पुकार ?

16

दो दिन की थी प्रेमकहानी—मस्त ज़माना, मस्त जवानी
आँख खुली तो सब कुछ फ़ानी
दो दिन प्रेमकहानी
अब तो
आँसू भाग हमारे
अब तो सूने द्वार हैं सारे

पीतम अपने पास नहीं है—अब मिलने की आस नहीं है
अब तो जीवन रास नहीं है
पीतम पास नहीं है
अब तो
सूने द्वार हैं सारे
अब तो आँसू भाग हमारे

पीतम थे जब अपने बस में—डूबे थे हम प्रेम के रस में
प्रेम के वादे, प्रेम की क़समें
अब तो नहीं हैं अपने बस में
अब तो
जीवन बाज़ी हारे
अब तो आँसू भाग हमारे

टूटी प्रेम की आस हमारी—कैसा प्रेमरोग है कारी
दिन अँधियारा, रात अँधेरी
टूटी आस हमारी
अब तो
सूने द्वार हैं सारे
अब तो आँसू भाग हमारे

17

रात का रंग उदास

दिन का ये दस्तूर,

कोई नहीं है पास

कोई नहीं है दूर

बोल न शाम की बात; उससे अच्छी रात

रात गये पर दिन

दिन को राह उदास

आँख से ओझल नूर

दिल में कैसी आस

दिल दुखिया, महजूर[1]

हर धड़कन साकिन[2]

धुँधली शाम ही आये; हर सू फैलें साये

काली रात को लाएँ

ये बातें तो जाएँ

कोई नहीं है आस

कोई नहीं है पास

कोई नहीं है दूर

आँख से ओझल नूर

---

1. विरह से व्याकुल 2. ठहरी हुई

18

एक का गीत, जो सबका है

चंद्रकांति से मन में आये शांति
कमला मेरी, विमला मेरी और मेरी है कांति
पर मैं जानूँ
और न समझूँ
चंद्रकांति से मन में आये शांति

श्यामा मेरी—जिसके लम्बे बाल, मन पंछी को जाल
राधा मेरी—जिसकी मोहन चाल, मन को करे निढाल
हाँ, हाँ, प्रतिभा मेरी नाचे सुंदर नाच
सुधा मेरी गाये गाने जैसे धीमी आँच
आशा मेरी, उमा मेरी और मेरी है कांति
पर मैं जानूँ
और न समझूँ
चंद्रकांति से मन में आये शांति

कमला ज़िद्दी, आशा छोटी
विमला भद्दी, उमा मोटी
हाँ, हाँ, हाँ प्रतिभा दुबली लम्बी जैसे हो इक बाँसी
हाँ, और सुधा?—सुधा पतली जैसे मन की फाँसी
चंद्रकांति को वो कब पूछें ?—श्यामा राधा कांति

चंद्रकांति है सबसे प्यारी
चंद्रकांति है सबसे अच्छी
मैं तो जानूँ
चंद्रकांति भी इतना तो है जानती
चंद्रकांति से मन में आये शांति

अब मैं सोचूँ चंद्र कहूँ या कांता?
चुप, चुप, चोप्प—वो देखो आई चंद्रकांति—और शांता
लेकिन सुन लो, मैं हूँ इतना जानता
ये भी जाने, वो भी जाने, सब दुनिया है मानती
चंद्रकांति से मन में आये शांति

19

मन की किंवड़ियाँ खोलो कि रस की बूँदें पड़ीं

खोलो किंवड़ियाँ बालम, रस की बूँदें पड़ीं

सावन आया बादल छाया, गरजा-चमका मेंह बरसाया

बूँदें नहीं अब धारें, हाँ, रस की बूँदें पड़ीं

खोलो किंवड़ियाँ मन की, रस की बूँदें पड़ीं

रैन अँधेरी चमके बिजली घर से बाहर भीगूँ अकेली

खोलो किंवड़ियाँ साजन, सारी भीग गई

मन की किंवड़ियाँ खोलो कि रस की बूँदें पड़ीं

मन में हो तुम, मन में रखना, दूर नहीं तुम दूर न रहना

खोलो किंवड़ियाँ बालम, तुमसे हार गई

बूँदें पड़ीं जब रस की, तन-मन वार गई

मन की किंवड़ियाँ खोलो कि रस की बूँदें पड़ीं,

महराज, रस की बूँदें पड़ीं

20

मैं अंग-अंग सहलाऊँ

भूल के जग को जाऊँ, मैं अंग-अंग सहलाऊँ

नद्दी के इस पार की शोभा दूर दूर की बातें

फीके फीके मुझाये दिन, सूनी अकेली रातें

झूल रहा है लाज का पर्दा, इसको आज उठाऊँ

रंगमहल के सुतून[1] रसीले, चिकने गोरे गोरे

प्रेम का पंछी पार न पहुँचे, खाये पवन हिचकोले

आज तो लाख जतन से इसको मोहन रूप दिखाऊँ

एक ही अंग मेरे मन भाये, एक ही अंग लुभाये

एक ही अंग की जगमग जोती मन में आग लगाए

अमरित के सोते पर पहुँचूँ, आज तो आग बुझाऊँ

दूर है सुख की सुंदर बस्ती, दूर है रस की मस्ती

दूर दूर यूँ रह कर सोचूँ, मरती कब है मस्ती

दूर को पास बनाऊँ आज तो अंग से अंग लगाऊँ

रस का सागर खौल रहा है झूम के बरखा लाऊँ

---

1. खम्भे

21

एक ही नाम पुकारे मूरख, जग में लाख सितारे
घूम रहे हैं सितारे सारे सुंदर प्यारे-प्यारे
इनके भेद न जाने कोई, इनके भेद ही न्यारे
एक ही रंग है इनमें तुम्हारा, बाक़ी रंग हमारे
इनसे जिसने मुक्ति पाई उसके वारे-न्यारे
घूम रहे हैं सितारे
रात ने कैसा जाल बिछाया, पंछी डर के मारे
छुपते हैं बेचारे

चाँद छुपा है रात अँधेरी, सारी धरती दुख ने घेरी
अँधियारे के गीत भवन से दीप ये किसने उभारे
घूम रहे हैं सितारे
आँख ने देखे दिल ने समझे इनके सारे इशारे
कोई जीवन बाज़ी जीते कोई ज़र-बल हारे
कौन करमगति टारे
घूम रहे हैं सितारे

चंचल आशा करे मनमानी, ऐसे बढ़ती जाए कहानी
हाथ बढ़ाये पल में पाये जीवन के रस सारे
घूम रहे हैं सितारे
लहरें मिलकर खायें झकोले, देख देख कर दिल भी डोले
नैया आपै पार लगेगी, मन तू श्याम पुकारे
घूम रहे हैं सितारे!

22

दाता, दे दे ज्ञान
हमारा
मन मूरख, नादान!
जीवन काम की बहती धारा, जीवन ध्यान का रूप है न्यारा
इसकी क्या पहचान
हमको
मन मूरख, नादान!

जीवन की गंगा है गहरी, रंग कई हैं बात इकहरी
देख के दिल हैरान
हमारा
दाता दे दे ज्ञान!

जब भी मधुर बैन कोई बोले, बेबस दिल सुनते ही डोले
भेद का किसको ज्ञान
हमारा
मन मूरख, नादान!

कहे मुसाफ़िर रस्ता भूला, काम पुकारे सुख का झूला
पल के पल मेहमान
हमारा
मन मूरख, नादान!

नाच गान इक रात के साथी, सब हैं सुख की बात के साथी
संगत के सामान
हमारा
मन मूरख, नादान!

प्रेम विचार ध्यान के धोखे, अस्ल में एक हैं गुन दोनों के
ये रस की संतान
हमारा
मन मूरख, नादान!

ज्ञान ध्यान की राह न सूझे, एक पहेली; कैसे बूझे
बूझ बूझ हलकान
हमारा
मन मूरख, नादान!

23

दिल में जिसकी धुन है समायी, उसको जाने कौन
बोलो,
उसको जाने कौन?
जग बीती की लहर नहीं ये, फिर पहचाने कौन
बोलो,
फिर पहचाने कौन?
ध्यान का ये संसार है न्यारा
चाँद सितारे सूरज—सारे
अनजाने, अनदेखे, न्यारे
सुनी-सुनाई, उड़ता पंछी—उसको माने कौन
बोलो,
उसको जाने कौन?

दूर, अकेली बहती धारा
बहती जाये, कौन किनारा
किन रस्तों से बहती जाये
बेदर्द दुनिया को बताये उसके ठिकाने कौन
बोलो,
उसको जाने कौन?

जंगल में है सूनी कुटिया
तिनका तिनका जल के रहेगा
आग लगी है कौन कहेगा

उस कुटिया तक चल कर पहुँचे आग बुझाये कौन
बोलो,
उसको जाने कौन ?

अब तो है हर साँस बहाना
नयी कहानी, आनी जानी
नयी बने हर आन पुरानी
जीवन एक है उसमें बनाये इतने बहाने कौन
बोलो,
उसको जाने कौन ?

धूल में कंचन पाये भिखारी
झूठ की प्यारी लीला सारी
चलो, उठो कर लो तैयारी
यूँ बैठे सुलझाता जाये ताने-बाने कौन
बोलो,
उसको जाने कौन ?

24

गुनी गुनी हर साँस पुकारे, गुनी नज़र नहीं आये हमको
गुनी वो जिसका हर गुन प्यारा
बन कर अमरित रस की धारा
यूँ मारे चुमकारा
जैसे काली घटा में छुप कर पलक पलक बिजली लहराये
गुनी नज़र नहीं आये हमको

जग में गुनी रस्ते का तारा
कहे मुसाफ़िर गुनी सहारा
भूला रस्ता सारा,
इस कुहरे को कौन मिटाये, गुनी ये आकर भेद बताये
गुनी नज़र नहीं आये, हमको

किसने देखा, किसने उभारा
कौन है बैरी कौन है प्यारा
मोह का खेल है सारा,
इस धोखे से कौन निकाले, ऐसे जाल से कौन छुड़ाये
गुनी नज़र नहीं आये, हमको।

25

दोधारी तलवार हमारे दिल पे लगी है
जीवननैया बहती जाये सूझे आर न पार
कौन कहे ये प्रेमपुजारी कब तक देखे हार
ज्ञानी भूल गये ये बानी जीवन के दिन चार
रूह में प्रेमी डोल के बोले बिगड़े काज सँवार
       हमारे दिल पे लगी है दोधारी तलवार

पहले एक ही मूरत मन मंदिर में करके सिंगार
हमसे बोली रुत है सुहानी कैसी सोच-विचार
दुनिया बदली दिल भी बदला आई नयी बहार
नये रूप में जोत पुरानी बोले कर लो प्यार
       हमारे दिल पे लगी है दोधारी तलवार

सोच कहे ये सागर गहरा, इसकी थाह न पाई
ध्यान कहे जो साँस गई वह लौट के फिर नहीं आई
प्रेम की बातें भूलभुलैयाँ किसने राह बताई
पहली मूरत होके उजागर बोली ये कैसा आधार?
       हमारे दिल पे लगी है दोधारी तलवार

चलते चलते थका मुसाफ़िर कैसे आगे जाये
आगे बढ़ा तो छाया धुँधलका रस्ता नज़र न आये
दिल प्यासा है धोखा खाकर सुख की सेज बिछाये
ज्ञानी बन कर बोले ये बानी बिगड़े काज सँवार
       हमारे दिल पे लगी है दोधारी तलवार

26

रंग गीत गाएँगे
जब वो घर को आएँगे उनको हम सुनाएँगे
रंग गीत गाएँगे
रोम रोम झूम उठे ऐसे ढंग लाएँगे
रंग गीत गाएँगे
आज हम सुनाएँगे बात अनोखी और नई
बात ऐसी बात हो फूल खिल उठें कई
राग-रंग, रंग-राग, रंग गीत गाएँगे
रंग गीत गाएँगे
ऐसा है हँसी का रंग नाच उठे अंग-अंग
ऐसा है हँसी का रंग नाच उठे अंग-अंग
अंग-अंग नाच उठे ऐसे ढब से आएँगे
रंग गीत गाएँगे
कोई बात लाल-लाल जैसे अबीर और गुलाल
नीली पीली काली हरी, जी की सब सुनाएँगे
रंग गीत गाएँगे
जब वो घर को आएँगे हमको हँसता पाएँगे
रंग गीत गाएँगे

27

दोगाना

(मर्द)

ये पुरानी रीत ज़माने की, और इसमें जीत ज़माने की
अभी आने की, अभी जाने की, दुनिया न इसे पहचानेगी
दुख-सुख का भेद निराला है
जो रंग है मिटने वाला है

(औरत)

दिन का पल के पल फेरा है, और रात का रैनबसेरा है
हर दुख के पहलू में सुख है, जैसे रात के बाद सवेरा है
दुनिया में हर शै ़फ़ानी है
दुख दर्द भी एक कहानी है

(मर्द)

मौसम आते हैं जाते हैं, धरती का रूप बढ़ाते हैं
हर एक के दिल को लुभाते हैं, और जीवन को गर्माते हैं
युँही बिछुड़े दिल मिल जाते हैं
मुझाये कँवल खिल जाते हैं

(औरत)

चाहत की रीत निराली है, चाहत की जीत निराली है
हर चीज़ जगत में मिट जाये, चाहत कभी मिटने वाली है !
जैसे सूरज चाँद सितारे हैं
चाहत के भेद भी न्यारे हैं

28

ढोल पुकारे ज़ोर से, आओ भाई आओ
बीत न जाये उम्र कहीं, आओ, चलते जाओ

कहती है ये बाँसुरी, रात अँधेरी छाये
हँसो जो समझो देखना पीत कहीं लग जाये

तुन-तुन-तुन-तुन-तुन-तुन-तुन कहे सितार
गाये नाचे दिल मेरा, दिल के ऊपर भार

लेकिन ग़मगीं और दुखी सारंगी बोले
प्रीति के हाथों रोई मैं, आ तू भी रो ले!

29

गुन गाऊँ श्याम मनोहर के

पनघट से चली गागर भर के

मेरा क़दम क़दम पर दिल धड़के

कहीं लोग न देख पाएँ घर के

बंसी की तान सुनी मैंने

कहीं धुँधला धुँधला सवेरा है, कहीं काजल जैसा अँधेरा है

कहीं चंचल भाव हैं नटवर के

जो सखी मिले वो यही कहे अब जाने वही जो दिल पे सहे

मन नैया प्रेम-खिवैया की, दासी बलराम के भैया की

अब खाये झकोले सागर के

30

मैं हूँ भिखारी
और तू है दाता

अब देख लूँगा, अब जान लूँगा
ये ध्यान मेरा सच्चा कि झूठा

हाथों को अपने मैंने बढ़ाया
जो तेरे जी में आये वो करना

ये काम मेरा—लूँ नाम तेरा
ये काम तेरा—सुख साथ रखना

ज्ञानी के मन में
आये उजाला
उलझन मिटे फिर तेरा न मेरा!

(मराठी संत कवि तुकाराम के एक अभंग का भावानुवाद)

31

राधा बोली
ये है उसके प्रेम की बंसी का मदमाता-मोहन जादू!
कँवल नयन के कृश्न कन्हैया
मोहन वृंदावन के बसैया
हमको बुलाएँ
हम कैसे पत्थर बन जाएँ
दिल काँपे, लरज़ें, थर्राएँ
तन-पिंजरा घर के आँगन में
मन का पंछी वृंदावन में
वृंदावन में कृश्न कन्हैया डोल रही है हिरदै की नैया
चाँद चकोर के दिल को लुभाए, आशा के झूले में झुलाए
धरती से उड़ कर जब जाये दुख को भूले, सुख को पाए
इतना बताओ! ये तो सुझाओ!
कब पहुँचेंगे? कब देखेंगे?
नटखट नागर, दुखहर सुखकर के फैले, लहराते बाजू!

(बांग्ला भाषा के आदिकवि चंडीदास के एक गीत का भावानुवाद। चंडीदास का समय 13वीं-14वीं सदी के मध्य का माना जाता है। ये और मैथिली के कवि विद्यापति समकालीन थे।)

32

प्रेम के दुख को प्रेम ही जाने
दिल की धड़कन भी पहचाने

जग की सारी प्यारी बातें अब हैं जैसे बीती रातें
मैं हूँ और पीतम की हथेली; जान थी मेरी, वो भी ले ली
कामकाज घर के नहीं भायें; दिल से आहें फूट ही आएँ
कैसे रुकें, कैसे रुक जाएँ; घर करता है सायँ सायँ
कौन मनाए, कौन अब माने
प्रेम के दुख को प्रेम ही जाने

सब दिन हर कोई बात बनाए; जो भी है, दोस मुझी के लगाए
मौत से बढ़ कर तीखी घातें; दुख के दिन हैं, दुख की रातें
पीतम भी कब रोग मिटाए; आप भी औरों को उकसाए
कोई नहीं जो कहे अब मेरी; बैरन है सब दुनिया मेरी
कैसे दिल के दुख को मिटाऊँ; किससे कहूँ और किसको सुनाऊँ
'चंडीदास' कहे अब हमसे : प्रेम का भेद कहो पीतम से
पीतम से तू छोड़ बहाने
प्रेम के दुख को प्रेम ही जाने

(चंडीदास के एक गीत का भावानुवाद)

टैगोर का नौहा

आन लगा फिर बान, पुजारी, अब है किसकी बारी!
जीवन ऐसी चंचल नारी
पल में आये, पल में जाये, फिर भी जी को भाये!
रहे इसका ध्यान, पुजारी, आन लगा फिर बान!
जोगी ज्ञानी पूरब वाला, तेरे दम से जग उजियाला
फैला है आकाश, चंद्र-जोत अब डूबी
सारा जग ऑंधियारा
नूर हुआ हलकान, पुजारी, आन लगा फिर बान!

तुम अवतार थे बिश्नू जी के, गुन और ज्ञान तुम्हीं से सीखे
तुमने छुपाई सूरत अपनी, फुलवारी के रँग हैं फीके
वन-बस्ती और परबत—छोड़े अमरित पीके
सुर बदले हैं गान-कली के
अब है और ही तान, पुजारी, आन लगा फिर बान!

तुम ठाकुर हम दास तुम्हारे, हम चाकर कब पास हमारे
सुख का दारू, तुम तो सिधारे
दुख में है संतान, पुजारी, आन लगा फिर बान!

तुमने सजाई प्रेम-आरती, मिल कर गायें सारे भारती
चमका हिन्दुस्तान
तुम्हारी शान—हमारी आन
बान से क्यों हैरान, पुजारी, दुख-सुख एक समान

(कवीन्द्र रवीन्द्रनाथ ठाकुर के देहावसान (1941) पर रचा गया शोकगान)

राजपाल एण्ड सन्ज़ की स्थापना एक शताब्दी पूर्व 1912 में लाहौर में हुई थी। आरम्भिक दिनों में अधिकतर धार्मिक, सामाजिक और देश-प्रेम की पुस्तकें प्रकाशित होती थीं और हिन्दी के अतिरिक्त अंग्रेज़ी, उर्दू व पंजाबी भाषा में भी पुस्तकें प्रकाशित की जाती थीं।

1947 में भारत-विभाजन के बाद राजपाल एण्ड सन्ज़ को नए सिरे से दिल्ली में स्थापित किया गया और साहित्यिक पुस्तकों के प्रकाशन का आरम्भ हुआ। रामधारी सिंह दिनकर, महादेवी वर्मा, बच्चन, अज्ञेय, शिवानी, आचार्य चतुरसेन, विष्णु प्रभाकर, राजेन्द्र यादव, मोहन राकेश, रांगेय राघव, कमलेश्वर और अन्य साहित्यिक लेखकों की कृतियाँ यहाँ से प्रकाशित होने लगीं। राजपाल एण्ड सन्ज़ से प्रकाशित *मधुशाला, कुरुक्षेत्र, मानस का हंस, आवारा मसीहा, कितने पाकिस्तान, आषाढ़ का एक दिन* जैसी पुस्तकें हिन्दी साहित्य की 'क्लासिक पुस्तकें' मानी जाती हैं और आज भी लोकप्रियता के शिखर पर हैं। भारत के राष्ट्रपतियों और प्रधानमंत्रियों की पुस्तकें प्रकाशित करने का गौरव भी राजपाल एण्ड सन्ज़ को प्राप्त है। नोबेल पुरस्कार से सम्मानित अर्थशास्त्री डॉ. अमर्त्य सेन की सभी पुस्तकों के हिन्दी अनुवाद यहाँ से प्रकाशित हैं। अन्तरराष्ट्रीय चर्चित पुस्तकों के अनुवाद, विश्वविख्यात कोशकार डॉ. हरदेव बाहरी द्वारा सम्पादित 'राजपाल' शब्दकोशों की शृंखला और किशोरों के लिए सैकड़ों पुस्तकें राजपाल एण्ड सन्ज़ से प्रकाशित हुई हैं।

पाठकों के स्वस्थ और सुरुचिपूर्ण मनोरंजन और ज्ञानवर्धन के लिए समर्पित राजपाल एण्ड सन्ज़ से हिन्दी और अंग्रेज़ी में पुस्तकें प्रकाशित होती हैं जो देश के सभी बड़े पुस्तक-विक्रेताओं और विश्व भर के ऑनलाइन विक्रेताओं के यहाँ उपलब्ध हैं।

राजपाल एण्ड सन्ज़

1590 मदरसा रोड, कश्मीरी गेट, दिल्ली-6, फोन: 011-23869812, 23865483
email: sales@rajpalpublishing.com, facebook: facebook.com/rajpalandsons
website: www.rajpalpublishing.com

उर्दू शायरी की 'लोकप्रिय शायर और उनकी शायरी' श्रृंखला की पुस्तकें

- फ़ैज़
- ज़ौक़
- जिगर
- मजाज़
- इक़बाल
- ग़ालिब
- क़तील शिफ़ाई
- अख़्तर शीरानी
- सरदार जाफ़री
- मीर तक़ी 'मीर'
- जोश मलीहाबादी
- फ़िराक़ गोरखपुरी
- मजरूह सुलतानपुरी
- साहिर लुधियानवी
- नज़ीर अकबराबादी
- दाग़